인문학 산책

인문학 산책

초판 1쇄 발행 2026년 3월 3일

—

지은이 임채광

펴낸이 이병은

책임편집 배근호   **책임디자인** 박혜옥

기획 김명희·박준성   **마케팅** 최성수

—

펴낸곳 세창출판사

신고번호 제1990–000013호   **주소** 03736 서울특별시 서대문구 경기대로 58 경기빌딩 602호

전화 02–723–8660   **팩스** 02–720–4579   **이메일** edit@sechangpub.co.kr

홈페이지 http://www.sechangpub.co.kr   **블로그** blog.naver.com/scpc1992

페이스북 fb.me/Sechangofficial   **인스타그램** @sechang_official

—

ISBN 979–11–6684–482–9   03100

인문학 산책

임채광 지음

세창출판사

프롤로그

현대인은 아프다. 아픔이 어디에서 오는지 알 수 없을 만큼 깊다. 의사는 우리의 상태를 진단하고 약사는 약을 건네주지만, 진단과 약은 통증을 잠시 느끼지 못하도록 할 뿐 마음의 통증까지 치유해 줄 수는 없다. 오래전부터 이와 같은 아픔을 헤아리고 진단하는 일은 인문학이 해 온 일이다. 건강하고 행복한 사회를 만드는 일은 사람을 아는 일이고, 역사와 문화에 대한 이해에서 온다고 생각해 왔다.

인류가 오랜 세월 추구해 온 가치와 비전을 위해 수고하는 노력 역시 인문학이 추구해 온 일이다. 더 많은 사람의 욕구를 충족시키는 일, 다툼과 갈등을 해결해 내는 기준과 원칙을 만드는 일, 최대한 많은 이가 동의할 수 있는 규범을 찾고 그에 상응하는 골격을 만들고 살을 입혀 개인의 입장에서 자연스러운 삶으로 스며들게 하는 일. 합리성과 민주주의, 더 많은 자유와 평등, 공정성을 추구하는 노력들이 인문학적 가치의 지향이기도 하다.

　사람의 가치와 품격은 거저 얻어지지 않는다. 인문학 공부와 탐구는 궁극적으로 우리 자신의 품위를 알고 삶의 의미를 깨우치는 일이다. 그렇지만 최근 우리 대학에서 인문학은 자리를 잃었다. 역사와 철학, 문학 관련 학과가 사라지고 그 자리에 취업 학원을 방불케 하는 실용적인 학과가 대거 개설되곤 한다. 의학이나 공학, 경제·경영 전공 학과가 상한가이다. 인문학 관련 학과는 모집인원이 급격한 규모로 축소되거나 사라져 간다. 순수 학문을 연구하는 자연 과학 계열 전공도 그 어려움은 마찬가지다. 돈벌이가 안 된다면 외면당하는 현실이다.

　건강한 몸을 위해 적절한 운동과 휴식뿐만 아니라 근육과 세포에 필요한 영양소를 제공해 줘야 하는 것과 마찬가지로 건강한 마음으로 살아가기 위해 다양한 경험과 지적 훈련에 그치지 않고 정신의 성장에 필요한 인문학 정보가 필요하다. 이를 위해 철학도로서 뭔가 해야 한다는 생각을 하고 있을 때 '한국기독공보'사로부터 제안을 받았다. 그 덕분에 지난 2022년 7월 초부터 2023년 3월 중순까지 '인문학 산책'이라는 칼럼을 게재할 수 있었다. 우리 삶의 주변에서 발생하는 문제뿐만 아니라 주어진 어려움을 타개할 방안을 고민해 보는 주제들을 다루었다. 이를 책으로 출간하면 어떻겠냐는 의견이 있어 잠시 미뤄 놓고 있다가 출판사에 제안해 본 결과 기꺼이 동의해 주어 실행에 옮길 수 있었다.

이 책은 인문학적 물음에 대한 답을 주는 글이라기보다는 함께 묻고 답을 찾아가기 위한 일종의 교본을 지향한다. 개인적 취향에 임의로 주제를 구성했고 관련 생각들을 나눠 볼 수 있도록 '생각해 보기'를 배치하였고, 추가적인 생각을 심화시켜 보고 싶은 이들을 위해 '참고문헌'도 넣었다. 함께 생각하며 연대함으로 우리 자신을 더욱 단단히 하며, 공동체를 바꿔 나갈 밀알이 되길 소망한다.

오정동에서

차례

1. 사람 이야기

철학 강의 첫 시간에 종종 받게 되는 질문이 있다. 왜 철학을 전공했냐는 것이다. 다른 전공자에게도 유사한 질문이 주어지겠지만 그 빈도로 볼 때 철학에 대한 호기심이 가장 큰 것 같다. 의학이나 전자공학, 정치학과 같은 개별 학문보다 포괄적이고, 다루는 내용이 매우 막연해 보이기 때문인 것 같다. 이때 나도 반사적으로 되묻는다. "철학이 무엇일까요?" 잠시 대화는 숨 고르기에 들어간다. 말문이 막힌 학생들에게 나는 다음 질문을 이어간다. "철학 하는 사람은 어떤 행동을 할까요?"

"생각하는 것요, 고민하기, 토론하는 것요…." 등 학생들의 다양한 생각과 답변이 쏟아져 나온다. 이와 같은 분위기가 만들어지면 강의자와 학생 간에 이어진 대화의 내용을 기반으로 자연스럽게 생각의 결실을 맺는다. 그 결실은 생각과 고민 끝에 얻어 낸 결과물이기도 하다. 철학 하는 행위는 생각으로부터 시작한다. 거기서 던지는 다양한 질문과 문제의 범위를 주제로 관점이 연결된다. 이때 내 답변에서 빠지지 않는 한 지점은 '철학적 주제나 관심은 우리의 삶에서 시작한다'라는 내용이다. 철학은 우리 삶에 대한 생각이고, 그를 통해 얻어 낸 축적물이다. 삶의 의미와 가치, 인간의 삶 그 자체에 관한 궁금증을 풀어 주는 일이 철학이 추구하는 가장 큰 과제이기 때문이다. 달리 말하면 '인간이 무엇이냐'는 것이다.

인간의 본질에 대한 관심은 단지 철학자만의 일은 아니었다. 인간에 대해 궁금해하고 탐구하는 이들이 다양한 관점과 방법론을 통해 이해해 왔다. 수천 년 동안 발전해 온 인류 문명의 역사는 인간에 대한 관심과 탐구의 역사였다고 해도 과언이 아니다. 헤아릴 수 없이 다양한 시각과 관점들이 있지만, 이를 일괄 정리할 때 다음과 같이 구분해 볼 수 있다.

그 첫 번째 유형은 '신화적 세계관'이다. 종교와 구전 설화에 등장하는 인간은 때론 신의 반열에 오른 영웅으로 또는 반신반인의 추상적 인물로 묘사되기도 한다. 이때 인간이 비현실적 상상의 인물로 규정되는 경우가 많다. 둘째, 자연 과학에서는 감각적 경험에 토대를 둔 '인과율의 원리'를 중시한다. 자연 과학자들은 인간을 물리적 경험대상이자 일종의 '동물'로 간주한다. 19세기 이후 과학 문명의 급속한 발달은 인간에 대한 놀라운 정보를 안겨다 주었지만, 그만큼 우리의 시선을 편협하게 만들었다는 비난을 받기도 한다. 마지막으로 철학자들의 시각이다. 이들은 인간을 질문 덩어리 그 자체로 본다. 쉽게 예단할 수 없는 존재이기 때문이다. 분명한 점은 인간은 동서고금을 막론하고 '의문의 대상'이자 '특수한 존재'였다는 점이다. 인간 그 자체가 과제이다.

독일의 철학자 셸러Max Scheler(1874-1928)는 1928년에 발간한 책『우주에 있어서 인간의 지위*Die Stellung des Menschen im Kosmos*』에서 철학의 의미를 재조명한다. 셸러에 의하면 철학은 인간의 특수한 지위를 해명하는 일이다. 이를 위해 논리학이나 형이상학, 인식론, 미학 등 전통적 관심 영역과 차별화되면서도 동시에 다양한 철학적 논점들을 모두 포괄하는 새로운 인간학적 전환Anthropologische Wendung이 요청된다고 강조하였다. 이를 '철학적 인간학Philosophische Anthropologie'이라 불렀다. 이로써 철학은 관념에 머물러 있거나 이론 자체를 위한 연구 활동에 머무르지 않고 살아있는 사람의 특징을 주제로 다룬다.

철학적 인간학은 셸러 이후로도 플레스너Helmuth Plessner(1892-1985)와 카시러Ernst Cassirer(1874-1945), 겔렌Arnold Gehlen(1904-1976)등이 유사한 관심 속에서 연구 계보를 이어 왔다. 이후 이들의 성과는 현대 다양한 개별 학문과 연계되어 공동연구로 발전해 오고 있다. 철학적 인간학자들이 견지해 온 기본적 시각은 다음과 같다.

첫째, 인간을 형이상학이나 경직된 이론의 틀 안에 가두어 놓고 단정적으로 규정해 버리는 태도에 비판적이었다. 전통 형이상학이나 이성주의와 같은 관념적 사상으로부터 벗어나려는 노력의 결과이다. 철학적 인간학은 오히려 기존의 경직된 인간 이해의 틀을 벗고 유연하고 통합적인 시각을 표방한다.

둘째, 자연 과학적 방법론을 거부하지는 않지만 이들에 의존하는 현대 과학 이론과는 차별화하였다. 실제로 합리적이고 실증적 개별 학문을 연구 자료로 활용하는 것은 주저하지 않았다. 플레스너와 겔렌이 생물학 및 생리학 이론을 활용한 경우에서 볼 수 있다. 동시에 전통적인 인간관을 포괄하는 결과물을 내놓고자 시도한다.

마지막으로 철학적 인간학자들은 철학적 탐구를 일종의 "인간 존재의 규명을 위한 기초적 범주"라고 보고, 분석 과정에 '실증주의적'이고 '개방성의 원칙'을 견지하였다.

니체Friedrich W. Nietzsche(1844-1900)는 인간을 '아직 고정적으로 완성되지 못한 동물das noch nicht festgestellte Tier'이라 불렀다. 완결된 존재가 아닌 '되어 가는 과정Werdung' 그 자체가 부각되는 존재이다. 즉, 어떠한 한 두 가지 관점으로 섣불리 예단할 수 있는 존재가 아니다. 그의 기질과 능력이 규정되고 확정된 존재가 아닌 모든 가능성이 열려 있는 존재이다.

우리 앞에 놓여 있는 다양한 철학적 질문에 답하고자 한다면 인간 본질에 대하여 우선 해명해야만 한다. 마치 신이 인간을 창조했다는 존재론적 전제가 다양한 신학 이론을 양산했고, 인간을 생존을 위해 기능하는 생명 기계로 이해했던 진화론이 현대인의 이기주의적 윤리관을 만들었듯이 말이다. 우리가 고민하는 많은 일은 인간 본질에 대한 해명이 이루어질 때 비로소 그 성과를 낼 수 있다.

세상에서 다양한 문제와 잡음, 분란이 발생하는 것은 인간에 대한 오해 또는 삶에 대한 왜곡된 시각이 배후에 놓였기 때문이 아닐까? 문화나 사회, 제도적 환경이 우리의 관점을 편협하게 만들고 편견을 강화하며, 왜곡된 삶의 토양 안에서 진리에 대한 갈급함을 느끼지 못하게 할 수도 있다. 이러한 상황에서 철학적 인간학은 우리에게 나 자신에 매몰되지 말고, 열린 자세로 낯선 삶들에 대해 호기심으로 진지하게 접근하고 공감하며 이해하도록 안내할 것이다.

- 니체가 말한 "인간은 규정될 수 없는 존재"란 말은 타당할까?

- 인간의 정체성의 혼란이 찾아오는 첫 시기는 언제일까?

- 사춘기가 인간의 성장 과정에 주는 영향은 무엇일까?

- 삶이 해결할 수 없는 질문의 연속이란 말의 의미는 무엇일까?

- 몸과 정신, 몸과 영혼은 어떤 관련이 있을까?

참고 문헌

이규호, 『사람됨의 뜻』, 좋은날, 2013

진교훈 외, 『인격』, 서울대학교출판문화원, 2007

__________, 『양심』, 서울대학교출판문화원, 2012

__________, 『사랑』, 서울대학교출판문화원, 2020

박찬구, 『철학적 인간학』, 세창출판사, 2020

그림 1
독일의 철학적 인간학자 막스 셸러

2. 만들어지는 인간

"타불라 라사Tabula rasa"는 '깨끗한 석판'을 의미하는 라틴어이다. 인간의 특징을 설명할 때 종종 활용된 표현이기도 했다. 아리스토텔레스Aristoteles(B.C.384-B.C.322)가 『영혼에 관하여』에서 '미기입 서판'의 의미로 처음 사용했는데, 우리의 사적 또는 사회적 활동 과정에 실재하진 않지만 생각과 행위의 이전에 잠재돼 있는 감각 또는 의식 이전에 각인돼 있는 환경을 말할 때 사용되었다. 스토아학파를 비롯하여 토마스 아퀴나스Thomas Aquinas(1224(5)-1274), 보나벤투라Sanctus Bonaventura(1221-1274) 등 중세의 다양한 이론 안에 지식의 의미를 논할 때 종종 등장한 개념이기도 하였다.

'Tabula rasa'를 자신의 철학에 깊숙이 끌어들인 대표적인 사상가는 근대 영국의 경험론자 로크John Locke(1632-1704)였다. 그는 『인간 지성론*An Essay Concerning Human Understanding*』에서 인간에 대해 마치 빈 서판과 같이 태어날 때부터 비어 있는 형태로 출생하며, 지적 활동의 토대가 되는 정보나 지식은 모두 후천적으로 습득하여 보유하게 된다는 것이다. 이는 플라톤Platon(B. C. 428(427, 424)-B. C. 348(347)) 이래 서양 정신사에 중시되어 실재론의 건너편에 위치한다. 주체성, 신, 초월적 자아 등 개인적 관념이나 감각적 체험을 뛰어넘는 실체적 대상이 존재한다는 믿음이었다. 인간이 '백지와 같이 빈 상태'로 태어난다고 본 로크의 관점에 따르면 우리의 정신작용을 지배하는 것은 선험적으로 주어지는 지식이 아닌 후천적 감각 경험이다.

플라톤은 이데아론을 통해 인간의 결핍성을 존재론적으로 설명하고자 했던 최초의 철학자였다. 세상에 현존하는 모든 만물은 각각 그것들의 이데아가 존재하며,

인간만이 이성을 통하여 자신의 본질을 회상할 수 있다고 보았다. 인간의 삶이 형통하지 않고 고통과 불의, 또는 추악한 현실에 놓이게 되는 이유가 이데아의 결핍에서 유래한다고 주장한다. 현실 세계에 존재하는 모든 개체는 궁극적으로 이데아의 모사품에 불과하기 때문이다.

기독교적 세계관도 인간의 결핍을 전제한다. 하나님이 만든 피조물인 인간은 하나님의 형상을 닮아 다른 만물에 비해 구별되는 특수한 지위를 점유하고 있다. 그렇지만 에덴동산에서 저지른 죄악으로 인하여 죄를 완전히 벗어 버릴 수 없게 되었다. 원죄를 갖고 세상에 나온 개인은 신앙의 힘으로 거듭나야 한다. 존재론적 측면에서 인간의 죄는 결핍됨의 속성에서 유래한다. 스스로 존재하는 유일한 존재, 유일한 완전자 '하나님'과 대립하는 개념으로 이해하고 있다. 영적 요소의 결핍에 의한 인위적 판단과 자발적 행위는 불신앙의 시작이자 죄의 출발점이다.

19세기 이후 인간학자들은 특히 인간의 몸 즉, 육체에 주목하게 되었다. 이는 과학 발달에 따른 세계관 변화와 연결돼 있다. 특히 자연 과학의 비약적 발달은 인간을 바라보는 새로운 안목을 제공해 줬다. 전통적으로 인간과 그 삶에 대한 이해는 철학 고유의 영역이었다고 한다면, 이젠 더 이상 철학자만의 관심사가 아닌 인문학과 자연 과학 연구자 모두의 공통 주제가 되었다.

대표적 사례인 다윈과 프로이드 외에 겔렌Arnold Gehlen(1904-1976)은 1940년에 발행한 그의 주저 『인간: 세계 내 그의 천성과 지위Der Mensch, seine Natur und seine Stellung in der Welt』에서 경험 과학적 자료를 동원하였다. 이를 통해 그는 '형태-생물학적' 관점에서 분석해 볼 때 인간을 '생물학적 결핍 존재biologisches Mängelwesen'라고 규정하였다. 특히 다른 동물과의 비교 속에서 인간 존재의 생물학적 특수성을 밝혀내는 데 주안점을 두었다. 이러한 맥락 아래 인간은 동물의 신체적 전문성 및 생존에 유리한 신체 구조의 완벽성과 대비되는 특징을 보여 준다.

"결핍"은 겔렌의 "문화인간학Kulturanthropologie"에서 함축적 의미를 가진다. 결핍 존재라는 개념은 최초에 헤르더Johann G. Herder(1744-1803)가 인간을 결핍된 자연 존재라고 보았던 데에서 유래한다. 단 헤르더가 결핍성 개

넘을 생존의 기본 전제가 되는 언어 행위의 원시적 태도를 들어 설명하는 반면, 겔렌은 인간이 기술, 제도적 행위의 틀 안에서 생존 양식을 구축한다고 보았다. 계몽주의 사상가 헤르더가 인간이란 종 자체의 특징을 "허점Lücke"과 "결핍Mängel"의 동물로 전제하듯 겔렌 역시 인간을 그 형태나 생물학적 구조 자체를 볼 때 생존에 부적격한 존재로 태어난다고 보았다.

겔렌은 인간을 "결핍 존재Mängelwesen"로 규정한 이유를 다음의 내용으로 설명하고 있다.

첫째, 육체 기관의 결손. 겔렌은 인간의 육체적 결함을 사람의 머리 모양에서 포착한다. 특히 두형頭形이 다른 고등 동물과 비교해 볼 때 확연히 생존에 불리한 모습을 띤다는 것이다. 거친 자연에 적응하기에 부적당한 치아와 턱 구조가 그 한 예이다. 맹수의 거칠고 강력한 치아나 발톱, 빈약한 근육에도 생존에 이점利點을 주는 조류의 날개 또는 카멜레온의 변색 능력도 인간에게는 없다. 전문화된 신체 기능은 생존에 필수적 조건이지만 인간만은 보유하지 못한 기능이다.

둘째, 늦은 성장 속도. 생물학자 볼크Louis Bolk(1866-1930)는 장기간 연구를 통해 인간이 여타 고등 동물에 비해 성장이 느리다는 결과를 보여 준다. 가령 동물마다 다소 차이는 있으나 타 동물은 일반적으로 성장하는 데 인간에 비해 현격히 적은 시간이 필요하다. 볼크의 "지연법칙Retardationsgesetz"에 의하면 돼지와 소, 말과 인간이 각각 평균 2kg, 40kg, 45kg, 3.5kg으로 태어나서 몸무게가 2배로 성장하는 데 14일, 47일, 60일, 180일이 필요하듯 동물과 달리 오랜 임신기와 긴 신체적 성장기를 보낸다는 것이다.

셋째, 선천적 충동구조의 생리적 불안정과 '부담'. '욕구의 무차별적 과잉 현상Antriebsüberschuss'과 이에 적절히 대응할 수 있는 충동 구조의 불안정성이 그 요인이다. 인간은 자연으로부터 주어지는 충동 구조와 신체적 장치가 빈약함으로 인하여, 세계 경험과 내면화 과정이 없이는 행위의 정향성 자체를 취득하는 데 어려움이 따른다고 규정한다. 즉, 인간에게는 세계의 경험과 내면화된 의미를 실행하는 데 있어서 주변 환경에 적합한 충동 구조를 보유하지 않는다. 충동을 행동으로 이행하는 데 주저함이나 걱정, 근심이 생기는 현상이 그러한 사례에 속한다. 겔렌은 충동 구조의 빈약함이 행위의 과감성을 머뭇거림으로 바꾸고 신속성이나 효율성의 부재를 낳는다고 보았다.

정리하면 겔렌이 주목한 인간의 결핍성은 크게 세 가지로 요약된다. 그 하나는 인간이 여타 다른 동물과 비교할 때 육체적 결함으로 인해 생존에 불리하게 태어난다는 점, 두 번째는 스스로 생존하기까지 남달리 긴 성장기가 필요하다는 점이다. 마지막으로 인간의 생존을 위한 행위 시 충동 구조의 불안전함은 자발적 판단에 부담의 생리 상태를 갖는 요인으로 작용한다는 점이다. 생물학적 결핍 존재라는 개념은 겔렌의 사회, 문화 이론에 출발점으로 작용한다. 결핍성의 보완과 대체는 생존을 위한 행위 및 사회적 삶의 계기이자 촉발제가 되기 때문이다.

- 유능하고 완전한 사람이 되려는 욕구는 잘못된 것일까?
- 서열사회에서 승리하려는 마음과 유능한 사람이 되려는 것은 동일한 욕구일까?
- 유능하고 완전한 사람의 기준이 무엇이며, 과연 존재할까?
- 남들보다 다방면에서 뛰어난 사람이 되고자 하는 마음은 본성일까, 사회적으로 습득한 것일까?
- 유능한 사람은 더 행복할까?

참고 문헌

아리스토텔레스, 『영혼에 관하여』, 아카넷, 2018

존 로크, 『인간지성론』, 동서문화사, 2011

요한 고트프리트 폰 헤르더, 『독일적 특성과 예술에 대하여』, 서울대
　　　학교출판문화원, 2016

아놀드 겔렌, 『최초의 인간과 그 이후의 문화』, 지식을만드는지식, 2011

임채광, 『아놀드 게엘렌의 문화철학』, 문경출판사, 2006

그림 2
고대 그리스 철학자 아리스토텔레스

3. 자연은 인간에게 무엇일까?

TV에 〈나는 자연인이다〉라는 인기 프로그램이 있다. 두 연예인이 번갈아 가며 산이나 섬과 같은 외딴곳에 기거하는 주인공을 찾아가 2-3일 동안 함께하며 낯선 삶의 모습을 있는 그대로 보여 주는 내용이다. 2020년 8월 기준으로 이 프로그램은 21개 유선 TV 채널에서 방송되었고, 편성표 기준으로 모두 주 55회가 방영되었다고 한다. 이를 시간으로 환산해도 주 55시간이 된다. 〈나는 자연인이다〉 인기의 비결이 무엇일까? 우리가 자연 현상에 대한 호감을 갖는 이유는 무엇일까? 인간과 자연 사이에는 인간의 본질과 관련된 특별한 관계가 있는 것은 아닐까?

자연을 이해하는 일은 인간에 대한 주제만큼이나 쉽지 않다. 오래전부터 자연은 '두려움이자 극복의 대상'이었고, '분석과 활용의 대상'이기도 하였다. 또한, 자연을 신비롭고 알 수 없는 미지의 대상으로 간주하였던 이들도 있었는데, 이들은 자연을 '모든 가치의 중심'이라고 보았다. 소박한 토테미즘이나 애니미즘에서 출발하여 자연종교의 차원으로 발전하는 경향은 동양과 서양을 불문하고 존재하였다. 모든 가치의 준거를 넓은 의미의 자연성에 부여하는 지점에까지 이르는 사상도 심심치 않게 발견할 수 있다. 괴테Johann W. Goethe(1749-1832)나 셸링Friedrich W. J. Schelling(1775-1854)이 대표적인 철학자이다.

오랜 세월 자연은 인간의 생존에 가장 큰 걸림돌이었다. 의식주의 해결이나 삶의 안락함을 확보하는 일은, 곧 자연과 싸움에서 이겨내야 함을 의미했다. 자연 현상은 알 수 없는 미지의 대상이자 신비롭고 두려운 존재이기에 때로는 숭배의 대상이 되기도 하였다. 자연적 요소들이 종교에서 빈번히 동원되는 이유이다. 바닷가에 사는 어민 대부분은 오랜 세월 바다의 변화무쌍함을 염려하여 이를 통제하는 절대자에게 제사를 지내거나 굿을 하기도 한다.

포이어바흐Ludwig A. Feuerbach(1804-1872)는『기독교의 본질』에서 인간이 삶과 죽음, 생존을 위한 투쟁과 같은 기본적 욕구와 충동을 해결하기 위해 신을 만들었다고 보았다. 부조리하고 모순된 우리의 현실, 정의롭지 않으며 온갖 폭력과 비인간적인 우리의 일상과 대비되는 지점에 우리의 욕구가 있다고 보았다. 영생, 정의, 절대선, 전지전능함이 그 상징이다. 그를 통해 인간은 인간의 실존을 거꾸로 규정한다. 그것이 종교적 교리이다. 영원히 죽지 않으며 세상 만물의 창조자이며 계획자이고 언제나 선한 자로 전제된 '신' 또는 '절대자'는 엄격이 말해 인간 자신의 욕구에 대한 결정체라고 말할 수 있다.

"종교는 인간에게 인간 자신의 본질을 인간과는 다른 본질로 드러나도록 하고, 그 토대 위에 모든 종교적 구원과 행복의 원천인 은총으로부터 죄인인 인간을 소외시키거

나, 증오하거나 또는 저주하는 행태를 통해 인격적 본질
과 다른 모습으로 보여지도록 한다. 즉, 인간은 종교 안에
서 자기의 잠재된 본질을 대상화한다." 『기독교의 본질』

두려운 존재였던 자연을 분석과 이용의 대상으로
전환시킨 공로(?)는 과학 발달에 있었다. 특히 자연 과학
과 기술의 비약적 발전 그리고 산업 혁명은 우리에게 자
연을 이길 힘이 있다는 점을 확인시켜 주었다. 물론 인간
의 완전한 승리는 영원히 불가능하다고 생각한다. 가시
적 대상으로 보이는 자연을 지배하고 통제할 수 있는 재
주가 늘어난 것은 확실하지만, 코로나19 사태로 확인했
듯이 자연은 아직도 종종 무섭고 두려운 대상으로 돌변
한다. 연구하면 연구할수록 자연에 대한 완벽한 이해가
쉽지 않다는 사실만을 확인하게 되었다.

다만 우리가 자연을 이기기 위해서는 그들을 바로
아는 것이 필요하다고 생각하게 되었다. 심지어 그것들
의 존재 이유를 설명하고 우리의 필요에 따라 해석해 내
는 일은 학문의 가장 큰 관심 사항이 되었다. 일등공신인
과학의 눈부신 활약은 자연에 대한 기본 관념을 변화시

켰다. 이젠 중립적 대상이 된 자연이 더 이상 두렵지 않게 되었다. 오히려 인간이 자연 존재의 가치를 부여하기 시작했다. 자연 과학과 자본주의가 연결되고 협력함으로 인해 자연의 파괴는 극단적 효율성을 만들어 냈다.

기술 발달과 인구의 증가는 도시화를 부추겼고, 현대인은 소위 '자연 결핍'의 시대를 살아간다. 그 결과는 어떠한가? 자연의 극복이 안락과 풍요를 가져다준다고 믿었으나 새로운 형태의 병원체들이 인간의 일상과 인류의 미래를 불안케 한다. 이 와중에 자연을 마치 행복의 준거이자, 망각한 파라다이스와 같이 받아들이게 되었다. 자연적인 것은 인간적인 것이요, 선이자 최상의 가치이다. 자연은 실제로 우리가 잠시 잊고 있던 낙원일까?

〈나는 자연인이다〉에 대한 관심은 이와 같은 정서를 대변한다. 자연에 열광하는 이들 대부분은 어린 시절 자연과 함께 성장한 이들일 것이다. 자연이 인간에게 절대적 결핍의 대상이라기보다는 익숙함을 향한 끌림이라고 보는 편이 더 적절해 보인다. 설혹 어린 시절의 익숙함을 찾아 귀향하더라도 문명 생활을 완전히 포기한 삶을 장기간 유지하기란 불가능에 가깝다. 자연과의 공존과 배려는 중요하지만, 맹목적 자연주의자의 한계는 명확해 보인다.

요나스Hans Jonas(1903-1993)에 따르면 인간의 가치는 '책임을 아는 유일한 존재'에 있고, 우리는 '미래세대의 존립과 삶의 질'에 책임 있는 태도를 보이며 살아야 한다. 이를 위한 "책임의 원칙"이 곧 인간에겐 "정언 명령"이라고 강조하고, "①인간적 삶의 지속과 조화가 되도록 행위하라, ②인간 생명의 미래에 파괴적이지 않도록 행동하라"라고 요구한다. 칸트Immanuel Kant(1724-1804)는 의지에 주어지는 모든 명령을 두 가지 종류, 조건이 있는 명령과 조건이 없는 명령으로 구별한다. 그중 조건이 없는 명령은 실천이성을 보유한 모든 행위자가 결과와 상관없이 그 자체로 선善인 행위를 수행하는 데 요구되는 도덕적 명령으로서 '정언 명령' 또는 '무조건적 명령'이라 불렀다.

인간의 탐욕과 오판이 늘수록 자연의 위기, 우리 삶의 터전이 되는 지구의 미래는 암울해진다. 그 길목에 우리가 서 있다. 생태계의 위기와 인류의 종말을 경고하는 전문가들의 일치된 견해는 자연과 인간의 화해와 공존의 필요성이다. 이를 위한 원칙들을 정리해 보자. 첫째, 자연을 판단할 때 우리가 알고 있는 지식과 정보를 지나치게 맹신해선 안 된다. 둘째, 인간과 자연은 하나의 유기체이자 일종의 운명공동체이다. 마지막으로 분명한 점은 미래사회에 우리는 자연과 새로운 관계를 설정해야만 하고 그렇게 될 것이다. 이에 인간은 좀 더 책임 있는 태도를 취해야만 한다. 키워드는 자연에 대한 배려와 공존이다.

- 자연은 무엇일까, 인간의 삶에 자연이 차지하는 부분은 어느 정도일까?
- 자연의 도움 없이 살 수 있을까?
- 왜 인류는 자연을 무시하고 파괴하려는 것일까?
- 자연은 파괴될 수 있을까, 파괴되는 것은 자연일까, 아니면 인간의 삶일까?
- 인간의 욕구와 자연의 공존은 어떻게 가능할까?

참고 문헌

프리드리히 W.J. 셸링, 『자연철학의 이념』, 서광사, 1999

＿＿＿＿＿＿＿＿＿, 『인간 자유의 본질에 관한 철학적 탐구』, 지식
　　을만드는지식, 2012

루드비히 포이에르바하, 『기독교의 본질』, 동연출판사, 2023

한스 요나스, 『책임의 원칙: 기술시대의 생태학적 원리』, 서광사, 1994

＿＿＿＿＿, 『생명의 원리: 철학적 생물학을 위한 접근』, 아카넷, 2001

그림 3
독일의 생명 윤리학자 한스 요나스

4. 이성은 만능키

　　고대 그리스인들은 '이성'이 인간의 고유한 능력이고, 동물과 구별하는 대표적인 차이점이라고 생각했다. 전해 오는 문헌 자료에 따르면, 오늘날 튀르키예 지역에 속하는 이오니아 지방의 지중해 연안 부속 도시인 밀레투스를 중심으로 세상의 본질, 존재하는 현상의 근원arche에 대한 질문을 던지는 이들이 생겨났다. 최초의 철학자로 불리는 탈레스Thales(B.C.625-B.C.547)와 아낙시만드로스Anaximandros(B.C.610-B.C.546), 아낙시메네스Anaximenes(B.C.585-B.C.525) 등이 대표적인 인물이었다. 이와 같은 물음이 사람들에 의해 처음 던져지게 된 것이다. 좀 더 구체적으로 말한다면 인간의 이성이 세상에 던진 첫 고민이자 사유의 주체로 등극했다. 이와 같이 이성이 세상의 본질에 대한 물음을 던지기 시작하면서 철학과 학문의 역사가 쓰이게 되었고 서구문화가 생성되고, 체계를 갖추게 되었다.

'영혼삼분설'을 주장했던 플라톤의 경우 마음을 이성과 기개, 욕망으로 나누고 이성을 그중 가장 높은 수준의 단계로 분류하였다. 이성의 우위를 인정했던 고대 철학의 전통은 중세와 근대, 현대 사상까지도 이어진다. 이성의 가치를 중요시해 온 서구인의 문화는 이들의 일상과 세계관에 미친 영향과 무관하지 않다. 특히 이성은 서양의 긴 역사에 숨은 주역으로서 중요한 역할을 담당하였다.

첫째, 우리가 살아가는 데 필요한 모든 정보와 참된 지식은 이성적 활동의 결과물이다. 고대 철학자들은 지식을 두 유형으로 구분했는데, 이성의 순수한 추론 과정을 통해 도출해 낼 수 있는 지식을 '에피스테메episteme', 그리고 육신의 감각적 체험과 같이 현실 세계에 주어진

물리적 경험과 관련되는 지식을 억견臆見, '독사doxa'라고
하였다. 철학은 에피스테메를 얻기 위한 순수한 이성적
탐구 과정이다. 이로써 고대 그리스인들은 특별히 유익
이 없는, 경험적 익숙함과도 무관한 진리를 추구하는 첫
민족이 되었다.

둘째, 이성은 기독교 사상뿐만이 아니라 신앙인들
의 삶에 안내자 역할을 해 왔다. 신학이 그리스도 신앙에
대한 철학적 정립의 성격을 갖듯이, 이성을 활용한 사상
적 체계가 곧 기독교 사상이다. 아우구스티누스Aurelius
Augustinus(354-430)는 사람의 영혼을 '기억'과 '이성' 그리
고 '의지'로 나눈다. 모든 진리의 원천이 하나님뿐이기
에 인간의 이성이 불완전할지라도 무가치한 것은 아니
라고 보았다. 토마스 아퀴나스는 이성의 가치를 더욱 중
시했다. 믿음과 계시의 영역을 구분하지만, 하나님의 계
시가 이성과 적대적 대립 관계에 있지 않다. 오히려 이성
이 계시를 명확히 보여 주고 설명해 주는 보완적 기능을
수행한다고 보았다. 윌리엄 오컴William of Ockham(1285-
1347(9))에게 이성은 신 존재를 설명하기 위한 필수 불가
결한 수단이다. 존재하는 모든 것은 언어로 표현할 수 있

다. 그에게 진리는 언어적 추론 과정에서 모순을 허용하지 않는 이성적 활동이다.

셋째, 근대는 이성 회복과 사회적 실천이라는 과제를 구현한 시대였다. 과학과 기술은 그 촉진제였고, 인본주의적 가치관은 그 결과물이었다. 그 모든 과정을 주도하고 지배한 힘이 인간의 이성이었다. 근대가 '이성의 시대'라 불리는 이유이다. 이성은 개인에게 일종의 생존장비가 되었다. 합리론자들이 사람은 출생과 함께 이성 능력을 보유한다고 보았던 것에 반해, 경험론자들은 이성을 학습의 결과물이라 설명하였다. 경험주의적 사고는 과학의 발달에 큰 영향을 준다.

과학과 기술 발달은 근대인들의 실존을 지배하였다. 이전엔 보지 못했던 것을 보고 느끼고 경험하면서 새로운 세계에 눈이 뜨였다. 타문화의 경험을 넓혀 준 이동수단의 발달, 대중에게 성경의 보급과 문자 습득을 가능하게 했던 금속활자의 발명, 자연 과학 정보의 급속한 유통은 전통과 맹목적 신앙의 지위를 뒤흔들어 놓았다. 이젠 수많은 정보의 홍수 속에서 비교하고 분별하며, 판단

해야만 하는 상황이 되었다. 날 선 갈등과 분쟁이 창궐하는 온갖 세상의 문제를 해결해 줄 비법 역시 현대인의 마음과 상식에 관통하는 이성적인 범위 안에서 찾아야만 할 것이다.

현대 사회에서는 이성의 순기능보다 역기능에 대한 우려가 강조되곤 한다. 18세기 독일의 계몽주의자 칸트는 이성이 제 기능을 발휘하지 못하는 핵심 요인이 이성의 오용誤用에 있다고 지적하며, 이성의 올바른 사용을 위하여 "이성 비판"을 일종의 대안으로 제시하였다. 이성이 자연 과학적 이성과 도덕적 이성, 선험적 취미판단 기능으로 분류되는데 이것들을 오용하고 있다는 것이다.

보편적 가치를 추구하고 합리적 판단의 심판관이 될 자질은 이성을 보유한 누구에게나 주어져 있을 것이다. 그러나 이를 바로 수행할 수 있는 능력자는 제한적이다. 배움과 숙련과정이 필요하기 때문이다. 소크라테스 Socrates(B.C. 470-B.C. 399)는 배움의 출발점이 인간이 보유한 권한과 능력을 스스로 인정하는 것으로부터 시작된다고 가르치고 있다. 그의 명언 "너 자신을 알라"는 중의적 의미를 갖는다. 이성의 권한과 능력을 스스로 깨달아야 한다는 의미와 그 한계에 대한 각성과 자각의 필요성이 그것이다. 헤겔Georg Wilhelm Friedrich Hegel(1770-1831)이 언급한 "이성의 간계奸計", "이성의 오용"을 벗어나는 길은 스스로 자기 자신을 돌아보는 반성 능력 배양에 있다.

이성의 기능 중에 자신을 돌아보는 능력이야말로 가장 난이도가 어려운 숙련이 필요하다. 오늘날 세상의 온갖 불협화음은 칸트가 말한 이성의 기능별 사용법의 착각 때문이라기보다는 반성 능력을 습득하지 못했거나 숙련 부족 때문일 것이다. 특히 자신의 한계와 과오를 되돌아볼 수 있는 눈은 단순한 학습이나 지적 훈련으로 만들어지지 않는다. 사회적 삶에서, 우리에게 익숙해진 이성과 지식을 초월하는 제3의 가치에 대한 추구 안에서, 인간의 본질에 대한 실존적 각성과 영원을 추구하는 마음 안에서 반성적 힘이 배양되는 것이 아닐까?

- 이성이라는 장비가 없이 세상에 살아간다면 무슨 불이익을 당하게 될까?

- 이성적으로 생각하라는 것은 무슨 뜻일까?

- 이성을 잘못 사용하는 사례를 생각해 보자.

- 이성과 감성, 이성과 영성은 서로 어떻게 작용할까?

- 성숙한 이성을 소유한 사람의 삶은 어떤 모습일까? 사례를 찾아보자.

참고문헌

프레드릭 코플스턴, 『그리스 로마 철학사』, 북코리아, 2015

플라톤, 『플라톤 전집 1-7』, 도서출판 숲, 2012-2019

아우구스티누스, 『고백록』, CH북스, 2016

칸트, 『형이상학 서설』, 책세상, 2023

헤겔, 『정신현상학 1, 2』, 한길사, 2005

그림 4

철학의 아버지로 칭송받는 소크라테스

5. 인공지능이 바꿔 놓을 미래

생각하는 것은 인간 고유의 능력일까? 인간 외의 다른 개체가 인간과 유사한 정신 활동을 할 수 있을까? 그 답을 최초로 제시했던 이는 영국의 수학자이자 제2차 세계대전 적국이었던 독일의 전자 암호를 해독하는 일을 하였던 튜링Alan M. Turing(1912-1954)이었다. 그는 1950년 *Mind*라는 학술지에 "계산 기계와 지성Computing Machinery and Intelligence"이라는 논문을 통하여 컴퓨터가 사람처럼 스스로 생각할 수 있다고 볼 수 있는 조건을 제시하였다. 튜링은 논문에서 컴퓨터와 대화를 나눌 때 컴퓨터의 반응 중 30% 이상 인간의 반응과 구별할 수 없다면 해당

컴퓨터가 스스로 생각한다고 간주한다.

"튜링 테스트Turing test에서 인공지능 프로그램은 5분 간 조사자와 대화를 나누어야 한다. 조사자의 할 일은 대화 상대가 프로그램인지 사람인지 추측해 내는 것이다. 사람이라고 공인한 경우가 30%를 넘을 때 프로그램은 검사를 통과한 것으로 간주한다."(Russell & Norvig, 2010) 2014년 영국의 레딩대학교 연구팀은 우크라이나 13세의 소년을 전제로 만든 프로그램 '유진 구스트만Eugene Goostman'으로 튜링 테스트를 통과한 첫 사례를 남겼다.

이 사례는 여러 가지 반론을 낳기도 했다. 우선 프로그램에 설정된 '우크라이나의 13세 소년'이 매우 자의적이라는 비판이 그 하나이다. 왜 하필 우크라이나 소년이었을까? 65세 뉴욕 시민이나 파리에 거주하는 프랑스인이 아니고 말이다. 만약 65세의 뉴욕 시민이라는 설정을 하고자 했다면 13세의 우크라이나 소년보다 대화 내용을 정하는 데 비교조차 안 될 만큼 복잡한 경우의 수가 동원되어야만 했을 것이다. 또 다른 비판은 미국의 언어학자였던 존 설John Rogers Searle(1932-현재)의 화용론적 의미론의 시각이었다. 그는 언어적 기호의 전달체계를 통해 유사한 반응을 도출해 냈다고 하여도 언어의 상징에 대한 이해를 의미하지 않는다는 점을 꼬집었다. 일명 '중국어방 논변'인데, 단어의 의미나 내용이 숙지되지 않았을지라도 기호화된 형태로 일정한 수준의 의사소통이 가능하다는 주장이다.

　장차 인공지능이 인간의 고유영역이라고 생각했던 정보와 판단력, 심지어 감성적 부분에 이르기까지 인간의 이성과 대부분의 정신 활동 능력을 따라잡거나 능가하리라 예상된다. 동시에 이를 산업적 영역에 접목하는 시도가 다양한 영역 안에서 전개되고 있다. 미국의 아마존 그룹이 매장과 공장을 연결하는 스마트 산업 시스템을 가동하였고, 경제 산업 영역이나 교육용 인공지능의 개발, 가전용품, 의료영역까지 알고리즘이 접목된 서비스 산업의 기민한 움직임도 목격된다. 인공지능의 통제 아래 작동하는 택시나, 택배 기사, 홈케어 로봇은 이미 출시가 임박해 있다.

　클라우스 슈밥Klaus Schwab(1938-현재)은 『제4차 산업혁명』에서 인공지능을 비롯한 최신 기술정보가 접목된 융복합 사회를 '제4차 산업 혁명'이라고 부른다. 그는 19세기 철도 건설과 증기기관 기반의 기계적 생산 체계 시기를 제1차 산업 혁명, 20C 전후 전기와 생산 조립 라인 기반의 대량 생산 체계를 제2차 산업 혁명 시기로 분류하였다. 아울러 제3차 산업 혁명 시기는 1960과 1990년 사이 메인 프레임 컴퓨팅 기반 디지털 혁명기를, 제4차 산업 혁명 시기는 21세기인 현재를 지칭한다. 이 시대는 인공지능과 기계학습이 중시된다.

인류는 우리가 보유한 지식과 기술을 동원하여 욕망과 가치를 충족시키기 위해 오랜 세월 노력해 왔다. 인간의 강점은 다채로운 정신 활동에 있다. 다만 인공지능을 계기로 정신 활동이 인간의 고유영역이 아닐 수 있다는 의구심에 대해 진지한 고민이 시작된 것도 사실이다. 적어도 정신 활동의 결과라고 추정할 만한 현상들이 증명되고 있다는 점이다. 지금까지 인간의 정신 활동을 대체할 만한 개체는 적어도 지구에 존재하지 않았다. 침팬지와 같은 고등 동물이 군집 생활 또는 생명체 보존 욕구와 같은 정신 활동과 유사한 흔적을 보여 주었으나 그 정교함과 수준에서 큰 차이를 보였다. 인공지능의 패턴은 이들보다 훨씬 인간의 행동 방식에 접근해 있거나 부분적으로 추월하고 있다.

생각하는 능력은 정신적 활동의 가장 중요한 기능 중 하나라는 점은 분명하다. 그렇지만 유일한 기능은 아니다. 느끼고 체험하는 기능은 정신 활동의 기초가 된다. 감각적 체험은 공감 능력이나 심미적 판단에 특히 중요한 역할을 한다. 칸트는 지적 사유 능력을 관장하는 오성Verstand의 기능은 인식 활동의 가능 조건인 '시간'과 '공간'의 영역 안에서 감성Sinnlichkeit으로 취합된 정보가 12개의 오성 범주를 경유하여 지적 판단으로 진행될 수 있다고 주장하고 있다. 감성의 기능에 의해 취합된 정보를 토대로 오성이 작동할 수 있다. 즉 육체성이 배제된 엄격한 오성 작용이나 지적 활동은 불가능하다고 볼 수 있다.

영적 활동 역시 인공지능이 범접하기 어려운 영역이다. 존 설의 주장과 같이 인간의 사유 패턴과 유사한 반응을 한다고 해도 그 반응의 결과물이 인간의 활동과 동일한 의미를 갖는다고 주장할 근거는 충분하지 않다.

초월적 가치나 영적 요소들에 대한 반응도 다르지 않을 것이다. 니체가 인간을 "아직 고정적으로 완성되지 못한 동물das noch nicht festgestellte Tier"로 불렀듯이, 인간은 어떠한 한두 가지 기능과 관점으로 섣불리 예단할 수 있는 존재가 아니다.

슬픔과 고통, 공감과 연민 등 인간의 몸이 부여하는 감각기능과 직결된 느낌이 인공지능 장치에 존재할까? 사유 능력이 활동에 주도적 역할을 할지라도 드러나지 않으며 기능하는 수백, 수천, 아니 수만 가지의 기능들이 인간의 몸에 숨겨져 있다는 점을 망각해서는 안 된다. 이 모든 역할과 위치의 존재 이유는 설계자인 조물주 외엔 알 도리가 없다. 이것이 인간의 몸을 존중하고 존귀하게 다뤄야 하는 이유이다.

- 인공지능은 인간의 노동을 대체하는 기술일까?

- 규범은 인공지능에게 존재할까? 어떻게 생성될까?

- 인간은 인공지능을 통해 어떤 혜택을 입게 될까?

- 인공지능으로 인해 생겨날 일과 소멸할 일자리는 무엇일까?

- 인공지능은 통제되어야 할까? 어떻게 통제할 수 있을까?

클라우스 슈밥, 『클라우스 슈밥의 제4차 산업 혁명』, 메가스터디북스, 2016

잭 코플랜드, 『계산하는 기계는 생각하는 기계가 될 수 있을까?』, 에디토리얼, 2020

프리드리히 니체, 『선악의 저편』, 아카넷, 2018

존 설, 『신경생물학과 인간의 자유』, 궁리, 2010

김도현 외, 『인간을 위한 미래: 우리는 어떤 미래를 설계할 것인가』, 클라우드나인, 2020

그림 5

최초로 사유하는 컴퓨터의 기준을 제시했던 튜링

6. 언어에 기대할 수 있는 것

　　말과 글은 우리가 가장 빈번히 사용하는 행동방식이자 도구이다. 사람 사이에 날카로운 무기가 되거나 평화와 사랑의 전령사가 되기도 한다. 언어의 인간학적 지위에 대해선 많은 사상가가 주목하였다. 특히 하르트만 Nicolai Hartmann(1882-1950)의 존재론에서 언어는 정신의 외연外延이자 존재 형식으로 간주한다. 정신을 언어라는 옷을 입고 세상에 자신을 드러내는 현상에 비유한다.

　　하르트만은 정신을 '개인적 정신', '객관적 정신', 그리고 '객관화한 정신'으로 구분하고, 언어는 각각의 정신 활동 과정에 그 모습을 드러낸다고 보았다. 즉 정신은 '말함', '말 그 자체', '말해진 말'과 같은 언어적 활동으로 표출된다. 언어는 표현의 깊이와 정교함의 수준에 따라 단계별로 분류된다. 언어는 행위자의 욕구를 표현하는 과정에 내면화된 가치와 의미를 좀 더 정교하고 '간접적' 방식으로 구현해 내는 대표적인 인간학적 수단이다. 동물과의 차이도 여기에 있다. 욕구 표현이 생리적 충동의 지배를 받고 직접적 표출 방식에서 벗어나기 어려운 동물의 경우 정제되지 못한 거친 모습을 보여 준다.

하르트만과 동시대인이자 언어에 주목했던 또 한 인물이 있다. 비트겐슈타인Ludwig Josef Johann Wittgenstein (1889-1951)이다. 그는 당시 모든 현상을 자연법칙에 따라 규명할 수 있다고 믿었던 다수의 지식인 그리고 언어를 통해 베일에 싸여 있는 진리의 속살을 모두 조명해 낼 수 있다고 생각했던 철학자들에게 경종을 울린다. 그의 초기 저작 『논리-철학 논고』에서 "말할 수 있는 것은 명료하게 말할 수 있다. 그리고 이야기할 수 없는 것에 대해 우리는 침묵해야 한다"라는 표현에서 언어적으로 재구성할 수 있는 의미와 가치를 강조하고 있다.

가령 언어는 세계를, 명제는 사실을, 이름은 대상을 지칭하고, 이러한 것들은 실제 대응 관계에 있다. 자연 과학과 달리 철학이나 윤리, 종교적 가치는 논증이 불가능하다. 아울러 그는 표현할 수 있는 것보다 표현할 수 없는 것을 더 중요하게 생각한다고 고백했다. 말할 수 없는 것이 증명할 수 없어서 무의미하지 않고, 구태여 증명하려 하여 무가치하게 만들지 말라는 것이다. 그의 후기 저작으로 분류되는 『철학적 탐구』에선 논리적으로 증명되지 못하는 일상적 언어와 상징적 표현들에 관한 연구에 집중한다.

겔렌은 인간을 "생물학적 결핍 존재"로 보고 사람다움, 문화적 삶의 모습은 제도적 훈련을 통해 비로소 가능해진다고 보았다. 그 이전에 인간의 행위는 거칠고 미숙한 상태에 머물러 있다. 언어의 사용도 마찬가지이다. 그는 인간이 사용하는 언어를 수준별 발달 단계에 따라 다섯 가지 유형으로 설명한다. '음성', '시각인상에 따른 음성표현', '단순한 의미전달 방식', '음성 재인식' 그리고 '상징적 의미교환'이다.

가장 초보적 단계는 '음성' 자체의 단계이다. 아이의 울음과 같이 세계를 대상화하거나 충동의 표출 과정에 아직 의식이나 자아가 형성되지 않은 상태에서 내뱉는 행위이며 신체적 에너지와 구조에서 유래하는 동물적 소리이다. 좀 더 발전된 언어 수준에 이르면 '시각인상에 따른 음성표현'이 가능해진다. 시각적으로 감지한 대상에 대하여 소리로 반응할 수 있는 능력이다. 옹알이와 같이 극히 초보적인 말하기 국면이다.

언어 사용의 세 번째 단계는 '단순한 수준의 의미전달 방식'이다. 즉 고통이나 쾌감으로 인해 소리 지르는 것과 같이 주위를 환기하는 행동이 이에 해당한다. 이때 화자가 기대하는 것은 자신의 표현에 상응하는 욕구 충족이다. 네 번째는 '음성의 재인식' 단계이다. 개인이 음성을 통해 표현할 때 어떠한 다양한 가치들이 집중되고 이 중에 가치 우위를 점유하는 대상을 선택하여 반복적으로 대응하는 의사소통 방식이다. 이때 경험에서 유래하는 인상들과 그 결과의 상관구조를 재기억하여 자신의 행위에 기계적 특성을 부여하게 되는데 이러한 사건을 의사소통이라 부른다.

언어의 품격은 화자들 자신의 가치와 의미를 음성을 매개로 설명해 낼 수 있고, 의사소통을 구성하는 매개자 기능을 수행할 수 있다는 점에서 나온다. 이는 '음성암시' 즉, 상징화된 의미의 기능이다. 언어의 공공성과 사회적 기능이 여기에서 나온다. 예를 들어 어떠한 '단어'에는 일정한 '상황 가치'가 전제되어 있고, 언어는 어떠한 상황을 상징적으로 표현하는 도구이자 수단이 되기도 한다.

세 사상가는 언어의 상징적 의미를 설명하고 있지만 하르트만에게 언어는 정신의 외연外延이고 존재 방식이라면, 비트겐슈타인에겐 논리적 환원 가능 여부였고, 겔렌이 본 언어적 상징은 충동의 표출로 보았다. 결핍 존재인 인간이 욕망을 구현하기 위한 수단이자 넓은 의미의 기예이고 삶의 방책이다. 이들과 같이 언어를 상징체계로 간주하면서도 그 지위를 달리 보았던 카시러Ernst Cassirer(1874-1945)는 언어가 사유를 구성한다고 보았다.

인간의 언어가 갖는 특징을 상징성으로 간주하면서도 그 지위를 달리 보았던 카시러에게 언어는 사유를 구성해 내는 힘이 있다. 그는 『상징형식의 철학*Philosophie der Symbolischen Formen*』에서 언어적 상징들은 근본적으로 내적 형식을 갖고 있으며, 나와 세계, 주체와 객체의 중재자로서 그 자체로서 생명력을 갖는다고 보았다. 하르트만이나 겔렌과 달리 그는 인간을 상징화된 이성적 논리를 보유하는 "상징적 동물animal symbolicum"로 이해하고, 언어를 상징이자 생각과 관념의 매개물이라고 규정한다.

언어적 상징들의 학습을 통해 언어적 표현들은 더욱 넓어지고 심화 된다. 인간의 관념과 의지의 표현을 위한 도구가 아니라 언어는 인간의 생각과 의식을 구성하도록 하는 절대적 요소이다. 이때 인간은 "언어와 그 형식"을 통해 시간과 공간, 숫자와 자아와 같은 관념 구조들이 해명되고 개념을 파악하게 되기에 비로소 세계에 진입하는 방법을 취득한다.

카시러는 의식 철학이 언어에 대해 취하고 있는 입장으로부터 벗어나 언어 기호에 대한 방법론을 처음 시도했던 철학자 중 한 명이었다. 그의 언어관은 언어에 대한 분석뿐만이 아니라 과학과 기술, 종교와 신화에 이르기까지 광대한 문화 이론의 주춧돌 역할을 한다. 언어는 다양한 표현 양식과 상징들의 총체이다.

언어는 생존에 필수적 도구이고 상징화된 수단이다. 의미와 가치의 외연이기도 하다. 동시에 언어는 생각을 만들고, 마음은 언어적 상징으로 작동한다. 언어적 표현과 소통 구조 밖에서 존립한다는 것은 불가능하다. 그런 의미에서 하이데거는 언어를 인간 '존재의 집Die Sprache ist das Haus des Seins'이라 명명하였다. 존재의 방법이고 생존방식이 되기도 한다. 생존을 위해, 더 나은 가치를 위해, 그리고 지식과 논리, 심지어 영원한 삶의 소망과 충동까지도 상징화된 언어 안에서 비로소 생기를 얻게 된다.

- 언어는 무엇이고 우리 삶에 어떤 기능을 할까?

- 언어로 표현할 수 없는 것을 생각해 보자.

- 언어가 없었다면 우리 사회는 어떻게 달라져 있을까?

- 폭력적인 언어와 비폭력적인 언어의 각각 특징은 무엇일까?

- 폭력적인 언어와 비폭력적인 언어의 사례를 찾아보자.

참고 문헌

아르놀트 겔렌, 『인간1, 그 본성과 세계에서의 위치』『인간2, 그 본성
  과 세계에서의 위치』, 지식을만드는지식, 2025

카시러, 『인간이란 무엇인가』, 도서출판 창, 2008

니콜라이 하르트만, 『존재학 범주론』, 형설출판사, 1987

하이데거, 『숲길』, 나남출판사, 2008

루드비히 비트겐슈타인, 『논리-철학 논고』, 책세상, 2020

그림 6

오스트리아 출신의 언어철학자
비트겐슈타인

7. 문화와 상징

인간과 동물의 차이 중 하나는 상징적 수단의 활용 여부에 있다. 동물의 경우, 자연과 직접적 관계를 통해 생존하는 반면에 인간은 제3의 매개물을 통해 자연과 관계한다. 상징은 인간의 행위에 영향을 주며, 그의 삶 자체를 변형할 힘이 있다. 인간은 상징을 통해 세상과 만나며 가치를 습득하고 만들어 간다.

출생과 함께 상징을 배운다. 상징화된 환경에서 자라면서 다양한 의미와 가치의 상징화된 질서를 습득한다. 낯선 자와 친근한 자를 만나며 그들을 각기 어떻게 대하는 것이 생존에 유리한지 알게 되며, 도구를 사용하고 관계하는 방식도 상징화된 방법을 통해 만난다. 상징의 습득은 생존법을 아는 것과 크게 다르지 않다.

언어와 신화, 예술과 종교가 상징들의 묶음이다. 인간은 단지 자연계에 존립하는 하나의 생명체가 아닌 상징들의 우주에 거주한다. 상징화된 개념과 의미의 세포들로 이루어진 거대한 유기체이며, 그 속에서 자기의 의미를 찾고 존립하는 존재이다. 그런 의미에서 카시러는 인간을 '상징의 동물animal symbolicum', 즉 '상징을 생성하고 이해하는 존재'라고 불렀다.

인간의 삶에서 상징은 세 가지 기능을 한다. '표현'과 '묘사', '의미' 기능이다. 카시러는 '표현기능Ausdrucks-funktion'의 기원을 육체와 정신의 화해, 물질적 현상과 초월적 세계를 향한 추구 사이의 합치를 위한 꿈, 즉 일종의 환상에서 유래한다고 보았다. 육체와 정신의 결합은 하나의 상징적 관계이며, 모든 다른 물질적 또는 인과적 관계의 원천이라는 것이다. 표현체험은 현존하는 사태에 대한 구체적이고 표현 및 재구성을 목표로 한다. 지식 이전에 기능하는 일종의 '근원 현상'이다.

‘묘사기능Darstellungsfuktion’은 표현기능보다 좀 더 구체적이고 적극적인 의도적 행위를 말하는데, 가령 대상을 기호화하여 지시기능을 구현하는 경우가 이에 해당한다. 유추적 서술이나 모방적 표현과 같이 발생학적으로 볼 때 인간의 언어적 행위의 기초적 발상이 이와 같은 묘사 기능과 직결되어 있다. 카시러는 이와 같은 언어의 묘사 기능이 주관적 의지의 표현 차원을 넘어 객관적 대상 세계의 구조를 설명해 주는 역할을 할 수 있다고 생각했다. 언어의 객관성 및 사회성의 토대는 묘사 기능을 통한 상징화인 것이다.

상징의 세 번째 영역에 해당하는 “의미기능Bedeutungsfunktion”은 지식과 논리적 인식의 영역이다. 법칙과 가치, 합리성, 규범의 체계들도 그 역할에 있어서 의미기능들이다. 인류사의 오랜 전통의 한 축이 되었던 신화나 사상, 법과 예술뿐만 아니라 심지어 과학과 기술의 논리와 가치 역시 상징적 의미를 그 배후에 두고 있다는 것이다.

카시러는 그의 대표 저서인 『상징형식의 철학』에서

“우리의 감각적 활동과 그 의미들이 충족되는 현장에서 자명한 것들로 받아들여지는 상징화된 개념들이 현존Dasein하며, 어떻게 그와 같은 모습Sosein을 하고 있는지, 더 나아가 각각 개인의 감각 세계 안에서 구체적이고 개별적 모습으로 표출되며 구현되는지 그 총체적 구조를 파악하고자 한다”라고 말한다.

칸트가 우리의 세계를 바로 이해하는 데 선험적 이성이 시간과 공간이라는 감각적 체험이 가능한 절대 범주 안에서 체득한 자료를 토대로 옳고 그름을 판별할 수 있다고 보았고, 카시러 역시 시간과 공간의 전제와 이해 주체의 관계를 중시한다.

사물들에 대한 경험은 나와 관계하는 대화의 대상이 되고, 의미와 가치의 교환에 의존하지 않고는 그 무엇도 볼 수 없으며, 그 무엇도 깨닫지 못한다. 언어의 구조, 예술적 상상력, 종교 예식이나 문화적 상징들이 그와 같다. 이 외에도 기술과 과학, 역사, 관습, 법률 등 그 배후에 기능하는 상징형식Symbolische Form에 대한 탐구가 철학이 추구하는 과제이다.

카시러는 문화 현상을 두 가지 관점으로 나누어 설

명하고 있다. '상징적 함축'과 '상징형식'이다. '상징적 함축Symbolische Prägnanz'이란 언어의 사용 또는 행동 과정에 의미나 기호를 활용한 표현 및 소통 행위 자체를 말한다. '상징형식'은 대개가 복합적인 상징들과 문화적 체계들의 묶음 또는 구조 형태를 지칭한다.

언어로, 종교로, 기술적 수단으로 또는 역사와 학문의 체계 안에 상징들이 숨겨져 있다. 우리가 문화 속에 살아가는 한 상징들의 숲 안에 존재하게 된다. 인간의 행위는 의미와 가치의 표현이자 감각적 토대를 기반으로 하는 '상징적 행위'이다. 그와 같은 의미에서 인간의 삶 자체는 상징 활동이자 상징 자체로 이해될 수 있다. 그 내밀한 체계를 들여다보는 일이 문화 이해의 선결과제이다. 어떠한 사태의 본질을 이해하기 위해서는 인간의 경험과 생활세계의 배후에 어떠한 문화적 전이해가 존재하고, 이미 각인된 사실과 내용들의 상징적 원리가 무엇인지 파악해야 하기 때문이다.

- 나 자신을 표현하는 상징 수단들이 무엇이 있을까?
- 내가 생각하는 나와 타인이 생각하는 나와 다르다고 느낄 때는 언제일까?
- 희노애락을 상징하는 색깔을 각각 생각해 보자.
- 각 종교를 상징하는 기호나 도구를 생각해 보자.
- 교회 예배에서 상징적 요소를 모두 제외하여 보자. 남는 것이 무엇이 있을까?

참고 문헌

에른스트 카시러, 『상징형식의 철학 1,2,3 』, 아카넷, 2011, 2014, 2019

어빙 고프먼, 『상호작용 의례』, 아카넷, 2013

루드비히 비트겐슈타인, 『철학적 탐구』, 아카넷, 2016

유홍준, 『나의 문화유산답사기 1』, 창비, 2011

양정무, 『미술이야기 1-2』, 사회평론, 2016

그림 7
독일의 문화철학자 에른스트 카시러

8. 기술사회의 전체주의적 경향

기술 산업 시대에 우리는 숙원이었던 풍요와 자유를 약속해 줄 강력한 후원자를 찾았다고 믿었다. 그런데 기술의 진보가 제공하는 축복 이상으로 심각한 사회-문화적 재앙이자 인간의 실존을 위해 해결해야만 할 문제들을 경험하게 되었다. "풍요"와 "안락"을 얻었으나 더욱 위험해졌고, 지구촌의 과반수 이상은 아직도 빈곤하다.

기술 산업 사회의 구조적 문제는 18-19세기에 이미 그 심각성이 드러났다. 독일 출신의 마르크스Karl Marx(1818-1883)가 이 문제에 주목한 철학자 중 하나였는데, 그는 당시 인간과 생명의 경제적 활용이 어떤 사회 문화적 문제들을 만들어 내는지 간파하고 있었다. 산업 혁명 이후 기술 산업 사회의 태동은 인간의 삶과 지위에 대한 진지한 고민거리들을 안겨다 주었다. 마르크스는 특히 인간의 "소외Entfremdung"와 고통스러운 실존이 기술 산업 자본주의에서 작동하는 국가 경제Nationalökonomie의 사회구조와 직결돼 있다고 보고 그 모순된 구조를 규명하는 데 주력한다.

인간, 즉 한 노동자로서 개인은 "많은 상품을 생산해 낼수록 일종의 저렴한 상품으로 취급된다." 기계와 가공력이 자본주의적 지배자들의 생산수단이자 자원으로 기능하여 인간의 존재가치를 추월한다. 이와 같은 현상의 배후에는 자본가의 사회적 지배 구조가 있다. 그들은 인간을 위한 세계를 추구하기보다는 자본을 추구하고 사물을 인간보다 우위에 둔다.

"사물의 세계Sachenwelt의 가치 절상과 맞물려 인간세계는 직접적으로 탈가치화 된다. 노동은 상품만을 생산하는 데 머물지 않고 스스로 자신을 그리고 상품화된 노동자를, 그리고 특히 노동이 상품을 생산하는 그 관계성 안에서 생산한다. … 노동의 실현은 이와 같은 국가 경제적 상태 안에서 노동자의 발전으로 드러나고, 대상의 상실과 피지배로서의 대상화, 그리고 소외의 외화로써 동화로 나타난다."『경제학-철학 초고』

왜냐하면 노동자 스스로가 국가 경제적 틀 안에 합리화된 노동과정의 대상으로 전락하고 또한 인간 의지의 인간화된 구조 내부에 침잠되어 있기 때문이다.

호르크하이머Max Horkheimer(1895-1973)와 아도르노 Theodor Wiesengrund Adorno(1903-1969)가 함께 펴낸『계몽의 변증법』(1944)과 호르크하이머의『도구적 이성 비판』(1947)은 현대 기술 산업 문화에 생존하는 현대인의 실존과 소외문제에 대해 다룬다. 그들은 경제적 질서로 재편된 현대 자본주의적 사회문제를 우선 '대량 생산과 소비 문화' 그리고 '인간과 자연의 위기'로 진단하는데 이러한 현상의 배후엔 대량 생산과 소비 문화를 조직적으로 체계화하고 공고히 하려는 자본주의적 이데올로기의 전체성과 이에 맹목적으로 길들여진 현대인의 '도구적' 경향이 깔려 있다고 보았다.

기술이 사회와 우리의 일상으로 깊이 잠입하면 할수록 인간 도구화의 문제는 인본주의적 세계질서의 구축에 부정적이다. 마르쿠제Herbert Marcuse(1898-1979)는 이와 같이 모순된 사회 현상의 배후에 '기술적 합리성'이 지배의 이데올로기로 자리하고 있다고 진단하고 기술 산업 사회의 비합리적 구조를 분석한다. 인간과 자연을 '중립적 처리대상'으로 간주하는 것과 '경제적 효용 가치', 세속적 '권력의 지배'가 그것인데, 그는 이와 같은 사회를 '전체주의'로 규정한다.

전체주의는 개인과 공동체의 억압과 분열, 지배와 통제를 통해 일부 사회적 특권층의 권익을 보호한다. "여기에서 전체주의적이란 말은 사회를 정치의 테러적 통치만을 의미하지 않고 전래적 관심을 동원해 욕구를 조작해 내는 비테러적 경제-기술적 지배 속에도 들어 있다." 경제적이고 기술적 작동의 원리는 현대인의 일상을 지배하고 현재와 미래를 점령하여 버렸다. 돈 벌기 위해, 현대적 첨단 지식과 기술을 배우기 위한 몸부림은 모든 젊은이와 미래세대의 생존조건이 되었다.

"기술적 합리성"이라 불리는 새로운 정치화된 논리를 통해 사회는 통제되며, 개인은 기존 사회질서의 체제 안으로 흡수되어 버린다. 개인이 이러한 거대한 흐름을 거스르고 대항할 수 있는 능력은 점점 미약해진다. 동시에 개인은 제도적 요구와 논리에 복종하는 대가로서 자연과 사람을 지배할 권능을 인정받고 경제적 가치와 물질적 풍요를 누릴 수 있게 되었다.

원래 인간에게 '자유로운 삶'을 위한 '순수 기술'이자 해방을 위한 '실천적 활동'이었던 "노동"이 풍요롭고 안락한 복지생활을 위하여 자연과 인간 자신을 착취하는 "도구"로 등장한다. 인간과 자연은 "중립적 대상"으로 간주되며 착취와 이용의 '대상'이자 '이용 방식이고 환경'이 되었다.

마르쿠제에 따르면 기술적 합리성은 사회의 구성원들에게 부자유의 원인이 되며 동시에 개인의 조작된 욕구는 기술적 합리성의 배후가 된다. 인간의 정신적 행위 양식은 '효용성'과 '실증적 가치'를 내세운 기술적 합리성의 강력한 논리 안에 귀속되면서 사적 생활의 영역은 사라지고 자신의 존립 가치와 의미를 판별할 수 있는 모든 선택권마저 박탈하였다.

> "체제의 생산성과 성장 잠재력은 … 사회를 (공고하게 만들고) 기술의 진보는 (제도적) 지배의 틀 안에서 개인과 그의 사회적 관계를 재편한다." 『일차원적 인간』

기술과 그의 합리성은 일종의 실존하는 경제 제도와 기득권 그룹의 정치적 가치로 환원된 '축소된' 합리성이 되었다. 개인은 철저히 '익명성'을 띠며 도덕적 책임에서 벗어났으며 새로운 주체인 '기술'과 '자본'에 자신의 권리와 자유의 자리를 내주게 되었다.

마르쿠제에 따르면 기술 산업 사회의 가장 큰 위험 요인은 생명의 가치가 억압되고 권력과 경제 논리에 의해 통제되는 점이다. 그리하여 사회의 되살림은 생명의 회복과 맞물려 있다. 마르쿠제에게 있어서 생명 개념이 갖는 또 하나의 중요한 의미는 그 스스로 철학이 근본적으로 "사회학이며 … 사회이론"임을 강조한 바 있듯이 마

르쿠제는 생명과 관련하여 독특한 사회 개념을 제시하
는 데 있다.

- 기술과 과학의 차이는 무엇일까?

- 기술과 권력은 어떻게 연결돼 있을까?

- 기술 산업 사회는 현대인에게 행복의 필요조건일까?

- 물건 구매 욕구는 누군가에 의해 만들어진 것일까? 아니면 본능일까?

- 시장원리, 자본원리를 벗어난 삶이 가능할까?

참고 문헌

카를 마르크스, 『경제학 철학 초고 외.』, 동서문화사, 2008

막스 호르크하이머, 테오도어 아도르노, 『계몽의 변증법: 철학적 단
상』, 문학과지성사, 2001

막스 호르크하이머, 『도구적 이성 비판』, 문예출판사, 2022

헤르베르트 마르쿠제, 『일차원적 인간: 선진산업사회의 이데올로기
연구』, 한마음사, 2008(2판)

임채광, 『마르쿠제의 '일차원적 인간' 읽기』, 세창출판사, 2015

그림 8
공산주의 사상의 토대를 마련했던
마르크스

9. 인공지능 사회와 공공가치

2024년부터 한국야구위원회(KBO) 정규리그에서 인공지능 심판 시스템이 도입되었다. 인공지능 시스템이 투수의 공을 판단하여 심판에게 전달하면 심판이 최종적으로 판정하는 방식이다. 심판의 입을 통해 공표되지만 사실상 인공지능 컴퓨터가 전달한 내용을 알리는 것에 불과하다. KBO에서는 2020년부터 이미 2군 경기에 인공지능을 바탕으로 구성된 로봇심판이 투입돼 운영하고 있다.

반응도 좋다. 다만 컴퓨터가 인식하고 심판에게 전달되는 시간이 다소 지체되는 문제와 선수별 신체 높이의 적용에 대한 유연성이 결여되는 현상을 해결해야 하는 과제가 아직 남아 있다. 이제는 앞으로 그 간극을 어느 정도 줄일 수 있을지가 남겨진 과제이다. 미국에서도 2019년부터 유사한 테스트를 진행하고 있다. 관련 뉴스 기사에 따르면 미국의 '호크아이Hawk-Eye'의 경우 테니스, 크리켓, 미식축구 등 구기 종목에서 심판 보조 시스템으로 활용되고 있다. 이와 같은 현상에 대하여 한편으로는 인간의 영역을 기계에 빼앗기는 것 같아 우려하는 시각이 없지 않다. 그러나 그동안 거의 매 경기 구심의 판단에 크고 작은 잡음이 따라다녔던 상황을 감안한다면, 긍정적인 부분에 더 주목하고 있는 것이 사실이다.

인공지능 로봇이 야구심판의 역할을 대신하듯 기술 문명은 우리의 일상에 깊이 스며들어 오고 있다. 이젠 인간의 고유영역이라고 생각했던 많은 영역이 로봇들에 의해 대체될 것이다. 겔렌에 의하면, 인간은 형태 생물학적 특징에 따라 볼 때 "결핍존재"이다. 그리하여 그의 생존능력은 인간 자신에게 주어진 자연에 적응하는 것이 아닌, 주어진 자연적 상황과 천성을 극복하고 그들의 삶에 유리한 조건을 만들어 내는 능력에 달렸다고 보았다. 생존에 유리한 조건을 만들어 내는 "방법"이자 "묘책" 그 자체가 "기술"이다.

인간은 돌망치와 돌창과 같은 장비를 생산하여 취약한 "신체기능을 보완, 강화Organverstärkung"하였고 부싯돌로 불을 지펴 자신의 몸에 없는 기능을 찾아 "추가" 또는 "대체Organersatz"했다. 뿐만 아니라 인간 자신의 신체적 노역을 피하고도 자신의 의지를 충족할 수 있게 되었는데, 가령 마차, 자동차와 같은 운송수단의 발명이 그 계기가 되었다. 사람이 장소 이동에 필요한 다리 및 육체 기관의 활동을 더 이상 수행할 필요가 없어진 것이다. 이를 겔렌은 "신체기관의 탈부담Organentlastung" 또는 결핍의 "극복Organüberwindung"이라 불렀다.

망치와 같은 연장을 통해 사람 손의 부족한 부분을 대체해 주었고, 망원경이나 현미경이 눈의 기능을 강화해 주었듯이 기술의 발달과 함께 사회적 기능 또한 기술적 수단을 통해 대체되기에 이르렀다. 산업 혁명 이후로 다양한 유형의 기계 장치들은 사람의 노동력이 없이도 욕망을 충족시키는 방법들을 깨닫게 하였다. 이젠 인간의 정신적 활동까지도 기계적 프로그램으로 메워 가고 있다. 인공지능 기술이 그 주역이다.

　　인공지능 기술은 이 시대의 가장 큰 화두 중 하나이다. 특히 인공지능이 정신을 대체한다는 점은 우리의 정체성에 대한 고민거리를 가져다준다. 정신의 대체 가능성을 논외로 한다고 하더라도, 과연 대체된 정신작용이나 또는 우리의 대체자인가 아니면 제3의 낯선 주체일까? 아울러 정신 활동의 대체가 가능하다고 할 때 그에겐 어느 정도의 자율성과 권한이 부여될 수 있을까? 이 과정을 통해 야기될 정신적 기능의 경직성과 왜곡은 어떻게 방지할 수 있을까?

　　병원에서는 인공지능 로봇이 정교한 수술을 집도하고, 공장의 생산 라인은 기계로 일원화되며, 법원에서도 알고리즘에 의존한 로봇 판사가 내리는 판결을 선호하게 될 수도 있다. 거리에선 자율자동차가 도시를 뒤덮고, 교회에서는 고인이 된 유명 설교자의 형상과 목소리를 한 아바타를 통해 교인의 신앙적 취향과 지적 수준, 생활 습성에 맞는 맞춤형 설교를 송출할 수도 있다. 일의 난이

도와 위험성 때문에 그 누구도 쉽게 진입할 수 없는 위험
물 처리조나 원자력 시설 작업에 투입될 수도 있다.

결핍과 한계의 보완, 대체 능력이 되어온 '기술'은
인간과 동물의 차이를 보여 줬다. 인공지능으로 달라질
미래 사회는 더 많은 부분 우리의 노고와 고민을 해결해
줄 것이라는 점을 기대케 한다. 다만 인공지능의 기능과
사회적 역할은 우리 자신에 의존할 수밖에 없다. 인간의
욕구와 필요, 가치와 연동된 체계를 갖기 때문이다. 궁극
적으로 우리 문화의 성숙도가 AI 사회의 수준을 결정하
게 된다.

사랑과 정의, 공존과 배려와 같이 인류가 오랜 세월
추구해 온 공적 가치가 인공지능 기술과 적용 과정에 반
영되어 미래 사회의 모범을 구축하는 것이 이상적인 시
나리오이다. 힘과 자본의 논리가 모든 문화적 가치를 잠
식해 버리고, AI 시스템을 구축한다면 최악의 현실이 전
개될 것이다. 그 기준점이자 텍스트는 사회가 제공한다.
성숙한 사회를 위한 관심과 노력이 긴요한 이유이다.

- 인공지능은 인간과 같이 느낄 수 있을까?

- 인공지능 기계는 가치 중립적일 수 있을까?

- 인공지능 로봇의 자기보존 의지 또는 이기적 의도를 갖는 행위를 존중해 줘야할까?

- 인공지능 로봇에게도 책임감과 가치관이 주어질 수 있을까?

- 인공지능 택시의 사고 시 생산자, 관리자, 프로그램 운영자, 운영시스템 보유자, 택시 소유권자 중에 책임은 누가 져야 할까?

참고 문헌

(영화) 알렉스 프로야스, 〈아이 로봇〉, 미국, 2004

(영화) 스파이크 존스, 〈그녀〉, 미국, 2014

아르놀트 겔렌,『인간학적 탐구』, 이문출판사, 2001

유발 하라리,『호모 데우스』, 김영사, 2017

마크 코켈버그,『인공지능은 왜 정치적일 수밖에 없는가』, 생각이음, 2023

그림 9
독일의 철학적 인간학자 아르놀트 겔렌

10. 철학의 위기와 실천

1936년 후설Edmund Husserl(1859-1938)이『유럽학
문의 위기와 선험적 현상학*Krisis der europäischen Wissen-
schaft und die transzentale Phänomenologie*』을 집필한 즈음 서
구의 철학자들은 물론 인문학 관련 일에 종사하는 대부
분의 연구자가 동일한 문제의식을 갖고 고민하게 되었
다. 당시 후설은 학문의 위기를 다음의 세 가지 요인에서
보았다. 첫째, 전통적 철학은 방법론적 한계에 직면해 있
다. 자연 과학의 발달은 물론 세계 무대의 다양화 및 관
점의 다각화로 인해 기존의 형이상학과 관념 철학으로
는 현대 사회를 이해하는 데 어려움이 있다고 보았다.

둘째, 과학과 기술의 발달은 인문학자들에게 새로운 시야를 열어 주었다. 그렇지만 그로 인해 양산된 협소한 시각과 방법론은 극복해야 할 과제이다. 자연 과학적 방법론이 인문학자들의 근본적 물음에 해결책을 제시해 줄 수 있을지 후설은 회의적이었다. 마지막으로 축소되고 왜곡된 방법론은 형이상학이나 과학적 방법론만의 한계는 아니었다. 후설은 역사주의자들의 폐해 역시 현대 인문학이 극복해야 할 과제라고 보았다. 물론 20세기 초 유럽 사회에 대한 후설의 우려 섞인 시각이 스며 있지만, 오늘 우리 사회의 고민도 대체로 큰 차이가 있어 보이지 않아 놀랍다.

세상의 혼란스러움이 극도로 격화되고 있는 상황에 철학과 인문학의 역할이 드러나고 있지 않아 보여 안타깝다. 심지어 필자가 공부를 했던 1980년대 중반에 65개 대학에 설치돼 있던 철학과가 현재는 전국에 20여 대학에서만 철학을 전공할 수 있게 되었다. 인문학 분야의 다른 영역도 차이가 없다. 그 배후엔 철학과 인문학을 경시하고 밀쳐 내는 산업 자본주의적 세태가 존재한다.

20세기 중반에 이미 산업 자본주의에 접어든 유럽 사회를 바라보며 경제 논리로 재편된 제도권 인문학을 비판했던 이론가들의 지적에 주목해 볼 필요가 있다. 이들은 우리에게 익숙해져 있는 제도권 학문은 이제 일종의 '지적 유희'의 수단이나 '돈벌이 지식'의 생산에 만족하는 경향이 있다고 보았다.

실제로 자유롭고 창의적인 학술적 주제를 중심으로 토론하고 연구하기보다는 연구비 획득을 위해 묘수 찾기에 골몰하고, 자유로운 철학적 담론의 장이어야 하는 연구 학회는 등급화되어 일부 제도권 철학자들의 정치적 세력의 역학 구도나 정파성에 따라 운영된다. 제도권 철학을 대표하는 대학의 연구 기능이 거의 실종되어 버렸다.

교육부를 통한 대학평가제도와 빈약한 교육철학이 인문학, 특히 철학적 담론의 분위기를 경색시키는 핵심 요인으로 기능하고 있다. 신입생 충원율이나 취업률 등으로 학과의 가치를 판단하는 것이 대표적인 사례이다. 그렇다 보니 취업이 용이한 학과는 유사한 이름으로 개명하면서 여러 개의 학과로 중복 편성되고 취업과 직결되지 않는, 전통적으로 학문적 가치를 인정받는 순수 과학이나 인문학 관련 학과들은 대학평가에 부정적 영향을 주지 않기 위해 폐과되는 경우가 무수히 많다.

장차 미래의 연구자 양성의 문제로 이어져 향후 국가의 경쟁력에 긴요한 필수 인력 수급에 매우 부정적 영향을 미치게 될 것이 우려스럽다. 이에 정치적 요소들은 학문적 분위기를 더욱 악화시키는 요소로 작용한다. 정파성은 자유로운 철학적 판단이나 토의가 가능한 사회적 기반을 무시하고 학연과 지연 또는 정치적 연관 여부가 내미는 호감도에 의해 결정된다.

제도권 문화의 부정적 측면은 마르쿠제의 제도주의에 대한 비판에서 강조하고 있다. 사회적 모순이 충돌하고 비합리적 폭력성이 막강한 힘으로 개인을 압제한다고 하더라도 권력과 불의한 자본세력에 순응하도록 그 정당성과 논리를 제공하는 원인이 "제도적 합리성"이며, 그와 같은 현실에 익숙해진 구성원을 "일차원적 인간"으로 규정한다.

하버마스Jürgen Habemas(1929-현재)는 이를 제도적 환경의 문제와 불합리한 현실이 오늘날 사회적 위기를 가져온다는 점은 마르쿠제와 다르지 않은 시각을 견지하면서도, 제도적 합리성의 문제라기보다는, 오히려 제도적 보완의 필요성을 강조하였다. 위기의 철학을 극복하기 위해서는 우선적으로 기존의 '제도권 철학'에 대한 비판과 보완이 동시에 이루어져야 한다고 보았다. 동시에 기술 산업 시대에 철학은 제도권 밖에서 구체화되고 활성화되어야 할 것이다.

첫째, 마르쿠제의 주장처럼 경제적 관심에 따라 기술과 과학이 지배하는 현실을 극복하기 위해서 관심을 공유하는 사회적 구성원들 사이의 정치세력화는 하나의 대안일 수 있다. 10여 년 전 황우석, 문신용 교수의 인간 배아 줄기세포 복제 문제나 경제 질서의 세계화 추세에서 보듯이 경제적 가치를 위한 지식의 무차별적 폭거는 가공할 만한 권력으로 다가온다. 환경운동 등 시민 운동에서 보여 주고 있듯이 국제적 관련 단체들과의 연대와 공동 작업이 요청된다. 철학은 이와 같은 현대의 상황에 실천을 이끄는 오리엔테이션 역할을 담당해야 한다. 불합리한 기술의 이데올로기에 의한 폭정에 대항하는 논리를 제시하고 사회의 구성원들을 상대로 담론의 장을 제시해야 한다.

둘째, 지금껏 공론화되지 못했던 그리고 전통의 이름으로 폐쇄적 권력이자 이데올로기로서 당연시되었던 문화적 터부에 대항할 수 있는 다양한 지식 전달 매체를 개발 그리고 보존한다. 이때 그 어떠한 매체도 다른 수단들을 밀쳐 내고 소통 관계를 장악하지 못하도록 감시하고 관심의 끈을 놓아서는 안 된다. 이는 기존의 기술과 차별화된 자유롭고 도덕적 기술 문화의 가능성이다.

마지막으로, 인류가 오랜 기간 간직하고 활용해 온 다양한 고전들의 연구와 개발이 이루어져야만 한다. 여기에서 철학적 연구란 철학의 고전으로 간주해 온 문헌들만을 의미하지 않는다. 문학과 역사, 기술 서적 등 다양한 인류의 고전 발굴과 철학적 해석을 의미한다. 특히 구전 문화나 예술 등 오랜 기간 인류 문화의 유산으로 인정되어 왔으나 철학적 논의의 장으로 충분히 용해되지 못했던 차원들을 찾아 내고 사유의 대상으로 삼는 일은 의미 있을 것이다.

마르쿠제의 표현과 같이 현존하는 세계의 모순과 부자유가 존재하는 한 그 도덕적 소임에서 자유롭지 못하며 철학은 이를 타개하고 인간과 사회를 해방적 차원으로 이르게 해야 할 실천 행위로서의 의미를 지닌다. 특히 오늘날 우리 사회 불평등의 문제가 기술적 산업 자본주의의 세계화 경향과 관련되어 있다면 또한 기술과 지식의 도구화가 더욱더 불확실한 인류의 미래를 만들어 낸다면 철학은 이에 좀 더 단호히 참여하고 정치적 입지를 개진해야 할 것이다.

- 현대 사회가 위기라 불리는 이유가 무엇일까?

- 현대 사회의 위기에 철학은 무엇을 할 수 있을까?

- 학자가 연구를 위해 부도덕한 실험을 해야 한다면 해도 될까?

- 위기는 새로운 기회 아닐까? 21세기의 어떠한 가능성이 더 열려져 있을까?

- 전통적 의미의 철학과 현대 사회에서 철학의 역할과 기능이 무엇이 다를까?

참고 문헌

에드문트 후설,『유럽학문의 위기와 선험적 현상학』, 한길사, 1997

사회와 철학연구회,『과학기술시대의 철학』, 이학사, 2004

랜 라하브 외,『철학상담의 이해와 실천』, 시그마프레스, 2013

위르겐 하버마스,『의사소통행위이론 1,2』, 나남출판사, 2006

헬레나 노르베리-호지,『오래된 미래』, 중앙북스, 2015

그림 10
독일의 사회철학자 하버마스

11. 우리 안의 폭력성

제2차 세계대전에 유대인의 학살은 잘 알려진 사실이었으나 히틀러 치하에 가장 큰 피해 당사자는 독일 국민이었다. 당시 전쟁으로 민군 합산한 독일인 사망자가 569만 명에 달하였다고 한다. 그렇지만 일부 지식인을 제외하면 대부분의 독일인은 히틀러의 폭정에 동의 또는 방관자의 위치에 있었다. 심지어 일반 노동자와 적지 않은 지식인이 어용단체를 만들어 적극적인 지원에 나서기까지도 하였다.

1933년 3월 5일에 있었던 공화정 선거 직전에 수백 명의 교수와 대학 연구자는 "아돌프 히틀러를 통한 독일 정신세계의 발견"이란 문서에 서명한다. 이들 중 하이데거와 슈미트, 겔렌 등 많은 학자가 나치당에 입당하여 전쟁 이후까지 당원 신분을 유지하였고, 더 나아가 파시즘 정치조직을 지지하고 이념적으로 엄호하였으며 국가사회주의 교수협의회(NS Dozentschaft)를 결성, 운영하였다.

일부 어용학자는 권력에 협조한 대가로 출세 가도를 달렸다. 나치당이 정권을 장악한 직후 프라이부르크 대학교의 총장 묄렌도르프Wilhelm von Möllendorff(1887-1944)를 전 집권당이었던 사민당(SPD)이 임명했다는 이유로 해임하고 하이데거를 임명하자 그는 기꺼이 수락하였고, 취임 연설 중에 히틀러 지지자들의 정치구호였던 "히틀러 만세Heil Hitler"라고 외치고 마무리한 것으로 유명하다. 그의 이러한 태도는 스승인 후설을 비롯하여 야스퍼스Karl Jaspers(1883-1969), 아렌트Hannah Arendt(1906-1975)등 그와 교류하였던 유대계 동료들에 대한 배신이기도 하였다.

아르놀트 겔렌도 나치에게 협력한 대가로 이득을

챙긴 사상가 중 한 명에 속한다. 신학자이자 양심적 지식인이었던 틸리히Paul Tillich(1886-1965)가 히틀러의 독재를 비판하다가 박탈당한 프랑크푸르트대학교의 정교수직을 겔렌은 29세의 어린 나이에 획득한다. 그 후 라이프치히대학교를 경유하여 1938년에는 오래전 칸트가 임직한 이래로 학문적 권위를 인정받는 이들을 중심으로 계승해 왔던 쾨니히스베르크Königsberg(현 칼리닌그라드)대학교 철학과의 영광스러운 바로 그 교수직에 임용된다.

  나치 정권은 1933년 치러진 공화정의 의회 선거에서 민주적 절차를 거쳐 선출된 권력이었다. 정치질서의 주도권이 누구에게 있는지에 따라 절차적 정당성은 무용지물이 될 수도 있다는 한 단면을 보여 준다. 사실 이들은 사회적 약자에 대한 약탈과 학살, 그리고 전쟁의 공포는 무수히 많은 지식인이 경고했었다. 그러나 독재자의 선출은 그 경고음이 무시된 결과물이기도 하였다. 실제로 히틀러의 집권과 함께 시작된 독재정권은 7500만 독일 국민의 고통이자 자해행위가 되었다. 전쟁이 끝나고 이들이 역사의 심판대에 올랐지만 그 과정에 폭력으로, 고문과 학살로 죽고 폐허가 된 전쟁의 상흔은 그 어떠한 방법으로도 치유될 수가 없었다.

민주정치의 구동력은 구성원의 욕구에서 나온다. 정치적 욕구는 실천을 통해 구현된다. 그런데 무려 12년간 유지된 히틀러의 통치 체제에 대하여 대다수의 독일 국민은 저항하지 않았다. 그 과정에 그들은 단순히 피해자가 아닌 제도적 폭력의 가해자로 변해 있었다. 오히려 유대인과 집시, 동성애자들이 소위 인종청소의 대상이 되어 학살되고 있을 때 침묵하고 동조했으며, 협력을 아끼지 않았다. 왜일까?

나치스 정권의 폭력성을 규명하는 다양한 시선이 있다. 이들 중에 프롬Erich Fromm(1900-1980)은 히틀러와 두 차례의 세계대전을 겪으면서 인간의 실존적 지위와 폭력성의 근원에 대해 진지하게 천착한다. 1964년에 집필한 『인간의 마음The Heart of Man: Its Genius for Good and Evil』은 그 결과물 중 하나이다. 여기에서 프롬은 '폭력성'의 유형에 대해 설명한다. 인간의 폭력적 행태는 5가지로 분류할 수 있다. '유희적playful 폭력'과 '반응적reactive 폭력', '복수의revenge 폭력', '보상의compensation 폭력' 그리고 '살생의violence to kill 폭력'이다.

프롬은 인류의 역사를 '폭력의 역사'로 규정하고, 폭력의 뿌리를 인간의 심리구조에서 찾는다. 정신분석학은 마음의 내부를 분석, 해명하기 위한 유효적절한 수단이다. 그에 의하면 인간의 폭력성은 '퇴행의 원리'에서 기인하고 있으며, '권위주의적 성격'과 연동되어 있는 성격 체계이자 행동 방식이다. 이는 정신분석학적 측면에서 '퇴행'이기에 치료돼야 할 사회적 병리 현상이다. 히틀러와 독일 국민의 태도는 극단적 병리 현상의 한 사례이다. 그렇지만 단지 그 당시의 제한적 상황의 경우라고 단정할 수 없다. 권위주의적 심리행태와 삶의 태도가 21세기를 살아가는 우리에게도 존재하기 때문이다.

폭력적 행위를 가능하게 하는 권위주의적 성격유형을 프롬은 다섯 가지로 분류했다. '수용지향성recepting 성격', '탈취지향형exploiting 성격', '저장지향형hoarding 성격', '애사지향형necrophilic 성격' 그리고 '시장지향형marketing 성격'이다. 프롬은 이 요소들을 현대 사회의 폭력을 조장하고 심화시키는 핵심 인자라고 봤다. 이를 극복하고 폭력적 사회와 결별할 수 있는 묘책은 철학과 인류의 지성이 추구해 왔던 상생과 공존의 가치, 자유와 평화를 구현하기 위한 노력과 진정성 있는 실천으로부터 시작될 것이다. 지금도 전쟁은 중단되지 않고 있다. 우리 각자가 서 있는 곳에 대해 되돌아볼 일이다.

- 폭력은 인간의 본성일까?

- 비폭력을 추구하는 마음은 어디에서 유래할까?

- 폭력이 없는 사회는 어떻게 가능할까?

- 비폭력주의자가 폭력을 비호하는 자의 편일 수 있을까?

- 폭력을 최소화한 사회를 만들기 위해 우린 무엇을 해야 할까?

참고문헌

에리히 프롬, 『인간의 마음』, 문예출판사, 2002

한나 아렌트, 『예루살렘의 아이히만』, 한길사, 2006

베로니카 베치, 『음악과 권력』, 컬처북스, 2009

한강, 『채식주의자』, 창비, 2007

자크 엘륄, 『폭력에 맞서』, 대장간, 2012

그림 11
유대계 독일 철학자 프롬

12. 전쟁을 이길 힘

러시아의 우크라이나 침공 5주째로 접어든 지난 2022년 3월 25일 우크라이나의 페트로 포로셴코Петро О. Порошенко(1965-현재) 전 대통령은 CNN과의 인터뷰에서 전쟁을 일으킨 러시아의 대통령 푸틴Владимир В. Путин(1952-현재) 대통령을 향해 "우크라이나인들을 살상하기 위해 쳐들어 온 악마"라고 부르며 결사항전의 의지를 불태웠다. 실제로 이번 전쟁으로 양측에서 수십만 명 이상의 사망자를 낳았고, 서방 언론은 기록이 불가능한 정도의 피해와 사상자 수를 보고하고 있다. 전쟁을 이끈 푸틴, 그는 정말로 악마일까?

"악마惡魔"라는 표현은 그 뿌리가 종교적 배경에서 만들어진 개념이다. 그리스어로는 디아블로스Diablos인데 '비방하는 자' 또는 '고발하는 자'라는 의미가 있다. 즉 하나님의 뜻을 비방하고 그에 맞서는 자를 지칭한다. 불교에서 악마는 사람의 마음을 미혹시켜 불도 수행을 방해하여 악한 길로 유혹하는 나쁜 귀신이다. 마魔는 산스크리트어 '마라魔羅'의 약자로 사람을 죽이거나 인간의 마음을 괴롭히는 악령을 말한다.

플라톤은 『국가론』에서 정의로운 전쟁에 대해 언급한 바 있다. 그는 전쟁에 대해 "사치를 원하는 욕심의 결과"라고 전제하고 일종의 필요악으로 규정한다. 국가의 존재 이유는 구성원의 삶을 수호하는 일이다. 대체로 전쟁은 인간이 더 많은 부와 타인에 대한 지배권을 확보하기 위한 충동을 폭력적으로 분출한 결과물이다. 설혹 전쟁이 발생한다고 하여도 방어 전쟁, 또는 평화와 상생을 위한 싸움이어야 한다. 군인들이 적을 정벌할 때에도 약탈이나 비전투원 인력을 살해하거나 노예화, 또는 성폭행 등은 금지해야만 한다.

칸트는 전쟁에 대해 더욱 단호한 시각을 갖고 있었다. 국가는 자유로운 인격체, 자율적 권한을 보유한 개인의 집합체이다. 개인의 인격성에 대한 유명한 슬로건 "너는 너 자신의 인격에 대해서건 다른 사람의 인격에 대해서건 인간을 언제나 목적으로 대하고, 결코 한갓 수단으로 사용하지 않도록 행위 하라"고 강조하였듯, 인격적 개체들의 집합체인 국가도 국민의 수준에 따라 그 격格이 결정된다.

『영구평화론』에서 칸트는 "어떤 국가도 다른 국가의 체제나 통치에 대해 폭력을 사용하여 간섭해서는 안 된다"라고 하며 전쟁에 대해 금지하고 있다. 이뿐 아니라 "장래에 전쟁의 씨앗이 될만한 가능성을 보유한 채 체결되는 평화조약조차도 금해야 한다"라고 강조한다. 인간이 소유물이 될 수 없듯이 국가 역시 누군가 소유하거나 약탈할 대상이 아니기 때문이다.

두 차례의 세계대전과 베트남 전쟁을 경험한 독일의 유대계 사회철학자 마르쿠제는 그의 저서 여러 곳에 전쟁 관련 분석과 비판을 게재한 바 있다. 전쟁은 일종의 제도화된 폭력이다. 복지 국가 또는 복지 사회를 표방하는 현대 사회는 전쟁을 발판 삼아 작동하며, 전쟁을 준비하는 산업 장치로 기능한다. 그리하여 무기산업과 기술의 발달은 복지 국가의 수준과 긴밀히 연계되어 있다. 이제 전쟁 산업은 단지 복지 사회의 운용과 작동 원리로서 긴요하지 않고 개개인의 일상을 지배하게 되었으며, 욕구이자 의식 체계 저변에 깊이 뿌리내리게 되었다.

전쟁은 누군가에 대한 증오와 경멸의 결과물이다. 전쟁 속에서 대다수는 두려움과 공포를 공유하며 새로운 적의와 증오심을 낳는다. 본래 무관심했던, 결코 증오와 미움의 대상이 아니었던 이들이 내게 엄습한 파괴와 폭력의 공포심이 분출하는 살생의 도가니를 거쳐 나오면 괴물이 되고 악마로 변한다. 플라톤으로부터 칸트와 마르쿠제의 전쟁에 대한 시각을 각각 훑어보았는데, 전쟁에 대한 이들의 시선을 모아 정리해 본다.

첫째, 전쟁은 피해야 할 일이고, 플라톤의 경우와 같이 방어적 성격의 전쟁, 정의를 세우기 위한 전쟁에 대해 묵인했다고 하더라도 그 최종 목표는 평화를 위한 전쟁이어야 한다. 플라톤은 전쟁이 발생하는 이유가 물질과 권력을 탐하는 욕망이 이성을 지배하기 때문이라고 보았다. 소유를 향한 욕망을 절제하고 정의를 바로 세우는 일이 전쟁을 막고 평화를 얻는 길이라고 강조하였다.

둘째, 전쟁은 모두를 악마로 만든다. 전쟁이 시작되면 전쟁을 일으킨 자와 생존을 위해 방어하고 맞서는 자 모두 괴물이 된다. 전쟁을 유발한 푸틴은 물론이거니와 정치인과 지휘관들, 전장의 주역인 군인들, 시민군까지도 악행을 범하는 자로 돌변한다. 서로를 악마라 부르고, 반대편에서 볼 때 실제로 악귀로 보인다. 그런 의미에서 전쟁은 구조악이다.

셋째, 칸트는 전쟁을 방지하기 위해 거대한 국가체제를 지양하고 최소국가 형태로 유지하며, 가능하다면 군대를 없애도록 주문한다. 상비군의 폐지이다. 현실적으로 불가능하다. 한편 마르쿠제는 군수산업을 위한 전쟁, 힘이 지배하는 국제질서의 역학관계 속에서 약소국이 침탈당하는 현상을 최소화하기 위해 다음을 요구한다. ①현존하는 산업 자본주의 문화의 폭력적 현실을 강력히 부정해야 한다. ②폭력적이고 불합리한 전쟁문화의 일상을 거부하는 용기, 비판 정신이 요청된다. ③전쟁을 거부하고 평화를 유지하기 위한 정치적 연대가 필요하다.

모든 인간은 각자의 삶 자체가 존재의 목적이다. 누구나 평화롭게 살아야 하고 살 권리가 있다. 그러나 전쟁은 약자들이 강자에게 짓밟히고 생명을 구걸하는 잔인한 현실을 낳는다. 반인륜적이고 악이다. 그런데 과연 우리 주변에서 전개되고 있는 다른 전쟁이 있지는 않을까? 총을 쏘고 비행기에서 폭탄을 퍼 붙는 전쟁이 아닌, 그러나 모두가 악마가 되는 그런 전쟁 말이다. 또는 전쟁을 통해 이익을 얻는 정치인이나 세력은 없을까? 특히 남북대치구조에 강대국에 둘러싸인 대한민국의 정치 지형을 고려해 볼 때 늘 아슬아슬하다. 평화 그리고 사랑이 답이다. 이를 위해 전쟁을 원하는 자 또는 그들의 하수인이 되길 거부할 용기가 필요하다.

- 전쟁이 필요악인가?

- 전쟁이 없는 세상은 불가능할까?

- '평화를 위한 전쟁', '전쟁을 위한 평화', '자유를 위한 전쟁'은

  무엇을 의미할까?

- 전쟁과 군수산업은 복지 사회에 어떤 영향을 줄까?

- 전쟁 발생을 최소화할 수 있는 국가구조는 뭘까?

참고 문헌

플라톤, 『국가론』, 박영사, 2006

임마누엘 칸트, 『영구평화론』, 서광사, 2008

마르쿠제, 『에로스와 문명: 프로이드 이론의 철학적 연구』, 나남출판
　　사, 2004

장 코르미에, 『체 게바라 평전』, 실천문학사, 2006 (2판)

마셜 B. 로젠버그, 『비폭력대화』, 한국NVC출판사, 2017(개정판)

그림 12

미국에서 활동했던 유대계 독일 사
회철학자 마르쿠제

13. 자기 자신에 대한 의무와 자존감

인간은 자신의 가치를 깨닫고 실천하는 존재이다. 그 가치를 발견하고 만들어 가는 사람은 자기 자신이다. 리처드 바크Richard Bach(1936-현재)의 『갈매기의 꿈 *Jonathan Livingston Seagull*』에서 주인공 갈매기인 조나단은 다른 갈매기들이 먹이를 위해 비행하는 것과 달리 비행 자체를 목표로 삼았다. 그는 어머니의 만류에 대해 "뼈와 깃털만 남아 있어도 상관없어요. 어머니 저는 단지 창공에서 제가 할 수 있는 것은 무엇이고, 할 수 없는 것은 무엇인지 알고 싶어요"라고 외친다.

조나단 리빙스턴 시걸은 그의 어머니조차 알 수 없

었던 자존감의 소유자였다. 자존감은 표면상으로 자기 자신에 대한 믿음과 자부심으로 보이지만 그 출발점은 남다른 의무감과 실천 능력에서 비롯된다. 계몽주의 시대 이후 인간의 가장 고결하고 중요한 가치는 '자유'와 '책임'에 있다고 간주되었다. 자유는 곧 인간의 이성 안에 있는 '입법권'의 원리이자 인륜적 가치에 대한 '의무'를 다하는 일이다. '의무'란 인간이라면 누구나 그것을 하도록 구속되어 있는 행위를 말하며 존엄성의 출발점이기도 하다.

'의무'에는 당위성이 내포되어 있다. 그 방향은 나 자신에게 향한다. 칸트는 자기 자신에 대한 의무의 핵심이 자기를 완전케 하는 것이라고 설명한다. 인간이 자기 존재의 목적에 부합하는 행위를 마땅히 해야 함을 말한다. 즉, 이성의 본성에서 요구하기 때문에 마땅히 행해야 하는 것이며, 인간으로서의 내가 나 자신에게 부가하는 의무이다.

"이성적 존재자가 목적들의 나라에서 보편적으로 입법하되 또한 이 법칙에 스스로 복종하는 경우에 그는 한 구성원으로서 그 나라에 속한다. 그러나 만약 그가 입법자로서 다른 어떤 존재자의 의지에도 복종하지 않는다면 그는 우두머리로서 그 나라에 속하는 것이다.”

인간은 오직 내가 스스로 정립하는 행위의 준칙을 보편법칙으로 만들고 그 법칙에 따라 행위 할 때만 의무에 합치되는 행위가 가능하다. 따라서 복종하는 법칙이란 바로 내가 나 자신에게 부과한 법칙이다. 자기가 정립한 법칙에 자기 자신이 복종하는 것이 ‘자율’이다. ‘자율성’은 성숙된 인간의 기준이 된다.

‘자율성’은 ‘스스로 부여한 준칙에 따른 삶’이다. 이성의 자율권을 각성해 내고 실천하는 힘을 보유한 이를 성인이라 부를 수 있을 것이다. 동료였던 모세스 멘델스존Moses Mendelssohn(1729-1786)에게 보낸 서신 「계몽이란 무엇인가」에서 칸트는 성숙함에 대해 “이성의 공적 사용”이 가능한 자, 이성이 요구하는 책임과 의무에 충실한 자라고 설명했다. 그 기능과 양태에 따라서 구분하면 다음과 같다.

첫째, 생명체로서 자신을 보존하고자 하는 의무이

다. 인간으로서 자신의 몸과 건강을 유지하고 자연적 충동과 욕구를 보존하고, 육신의 생기를 유지 보존해야 하고자 하는 분별력이다. 해로운 음식을 멀리하고 건강을 보존하기 위한 건강관리에 매진하는 것이 이와 같은 의무 의식 때문이다.

둘째, 자연의 질서에 순응하며, 자신의 본성에 따라 살고자 하는 의지이다. 본성에 상응하는 삶의 태도를 유지하고 현실 생활에 접목하려는 의지는 의무감으로 다가온다. 자유를 누리고자 하는 의지도 일종의 의무감이다.

셋째, 도덕적 존재자로서 지켜야 하는 자신의 품격에 대한 의무들이 존재한다. 인간은 누구나 자기 자신을 존중해야 한다. 칸트는 자기 존엄성을 해치거나 부정하는 일은 자신에 대한 의무를 저버리는 짓이라고 보았다. 예를 들어 무엇보다도 인간은 거짓말을 해서는 안 된다. 도덕적 측면에서 볼 때 거짓말을 한다는 것은 자신이 자기 자신에게 요구한 의무를 저버리는 행위이기 때문이다. 이는 자신의 인격에 대한 존귀함을 해치고 "인간의 존엄성을 버리고 파괴"한다.

모든 의무는 신의 명령으로 받아들이게 된다. 즉, 자신에 대한 의무는 종교적 의무로 주어진다. 칸트에 의하면 모든 도덕적 법칙은 실천이성을 통해 작동한다. 그리고 실천이성은 필연적으로 '최고선das höchste Gut'을 추구하며, 궁극적으로 영혼 불멸과 신의 현존을 요청한다. 신 존재 요청은 도덕법칙이 우리에게 요구하는 최고선을 실현해야 한다는 의무감과 결합되어 신앙, 일종의 '순수 이성신앙der reine Vernunftglaube'이 된다.

자신의 마음에서 우러난, 자기 자신을 위한 의무감은 순수한 자율성에서 나온다. 그리하여 실천력이 내포되어 있다. 진실된 의무감은 실천 의지를 수반하기 때문이다. 이는 최고선의 기초를 놓은 최고 존재자의 명령으로 느끼는 마음과 유사하다. 만물의 영장인 인간의 품격과 자존감은 무엇보다도 스스로 자신을 통제하고, 스스로 부여한 규율과 의무감에 순응하는 데에서 나온다.

- 나의 욕구를 지배하는 힘은 어디에서 나올까?

- 나의 사적 욕구에 지배되지 않는 규율이 내 행동을 결정했던 사례를 생각해 보자.

- 그 무엇으로부터도 영향을 받지 않는 자유가 주어질 수 있을까?

- 내 생각과 가치관에 영향을 주는 것은 무엇인가?

- 신의 의지와 나 자신의 선한 의지가 어떤 상황에 구분될 수 있을까?

<u>참고 문헌</u>

임마누엘 칸트,『순수이성비판 1-2』, 아카넷, 2006

임마누엘 칸트,『계몽이란 무엇인가』, 도서출판 길, 2020

리처트 바크,『갈매기의 꿈』, 나무옆의자, 2018

성 아우구스티누스,『고백록』, CH북스, 2016

프리드리히 니체,『차라투스트라는 이렇게 말했다』, 민음사, 2004

그림 13
독일의 근대 철학자 임마누엘 칸트

14. 타인에 대한 의무

의무의 원칙을 강조하였던 칸트의 유명한 슬로건은 "너는 너 자신의 인격에 대해서건 다른 사람의 인격에 대해서건 인간을 언제나 목적으로 대하고, 결코 한갓 수단으로 사용하지 않도록 행위하라"이다. 인간 내면에서 나오는 도덕적 요구 때문에 인간은 본인과 아무 관련이 없는 타인의 고통 앞에서 마음이 불편해진다고 보았다. '양심'이나 '의무'가 그것이다. 칸트는 '자기 자신에 대한 의무' 외에도 '타인에 대한 의무'를 중시한다.

타인에 대한 '사랑'과 '존경심', '상호 배려'의 마음은 의무와 도덕적 실천에 수반되는 기본적 태도이다. 이 세

요소는 서로 분리되기도 하고 독자적으로 존립하기도 한다.

첫째, 타인에 대한 '사랑의 의무'이다. 우리는 왜 이웃을 사랑해야 할까? 이웃사랑이란 실천적 삶의 문제이다. 누군가에 대해 호감을 느끼는 문제를 넘어선다. "너의 이웃을 너 자신처럼 사랑하라" 하는 명제는 이성의 실천적 능력에 따라 살아가는 사람이 지키는 도덕적 법칙의 표현이라고 보았다. 내가 다른 모든 사람의 사랑을 원하듯이 나 역시 다른 사람에게 사랑을 보여야 하는 당위성이 있다.

둘째, 타인에 대한 '존경의 의무'가 있다. 인간은 그 자체로 존엄성을 가지며, 그 누구에 의해서도 또는 타인이나 자신에 의해서도 한낱 수단이 아니라 언제나 목적으로 대해야 하는 존재이기 때문이다. 인간은 인간이 아닌 다른 모든 세계 내 존재자 위에 군림할 수 있다. 그 누구든 자기 자신에 대한 존중의 의무에 따라 자신을 어떤 가격에도 내다 팔 수 없는 것과 마찬가지로, 그도 역시 다른 사람에 대하여 자기 존중의 욕구를 부정하거나 저해하는 행태를 보여 주어서는 안 된다. 즉, 인간은 다른 모든 사람의 인격의 존엄함을 실천적으로 인정하도록 구속되어 있다. 그래서 그는 타인에게 반드시 존경을 보여야 할 의무를 지고 있는 것이다.

셋째, '배려'와 같이 인간 상호 간의 도덕적 의무가 있다. 두 사람 이상의 타인 간에 진정한 의미의 교제가 가능한 경우는 아마도 서로 배려심이 있을 때일 것이다. 배려심이야말로 도덕적 선의지에 의해 발동하여, 사람들이 화합하여 상호복리를 증진시키는 모습을 보여 주는 전형적 현상이다. 배려의 공동체는 상호 관심과 존중이 결합된 연합체이다. 그리고 이는 상대방을 진심으로 사랑하는 호의적 표현이기도 하다.

칸트는 인간이 도덕적 완전성을 갖고 사람들과 교류해야 하며, 이를 위해 진정성을 갖고 최선을 다하는 실천적 삶을 사는 것이 개인의 책무임을 강조하였다. 다만 우리의 일상에서 도덕적 완전한 사람을 발견하는 일은 쉽지 않으며, 심지어 타자에 대한 의무는 고사하고 최소한의 배려심조차 고갈된 인생과 종종 맞서게 된다는 점이다. 동시에 무책임하고 이해 불가한 타자와 대면해야만 하는 당혹스러운 현실에 놓이기도 한다.

리투아니아에서 태어나 프랑스에서 성장한 유대계 철학자였던 레비나스Emmanuel Levinas(1906-1995)는 제2차 세계대전에 아우슈비츠에서 가족을 모두 잃었다. 서구의 합리성과 주체성을 강조하는 유럽 중심 문화에서 잉태한 전체성과 그 폭력적 현실을 몸소 체험한 사상가였다. 그는 유럽인이었지만 유럽인들로부터 환대받지 못한 경계인이었다. 유럽에서 태어났으나 낯선 유대인이었고 결코 유럽인이 아니었으며, 지식인일 수도, 한 평범한 인간으로 존립하는 것조차 거절당한 타자이자 한 이방인에 불과하였다.

"진정한 삶은 여기에 부재한다. 그러나 우리는 세계 안에 있다. 이런 알리바이 속에서 형이상학은 생겨나고 유지된다." 레비나스의 『전체성과 무한』에 표기된 문장이다. 전통적인 존재론에 내재해 있는 주관주의 세계관은 엄연히 존재하는 타자를 익명의 대상으로 전락시키며, 모든 가치판단의 중심에 오로지 이상적인 도덕적 자아만이 위치한다. 레비나스는 실재하는 타자를 인정하지 않고, 오직 보편적 대상으로 간주되는 자아만을 인정하는 시선에서 "타자에 대한 폭력성"을 발견한다.

칸트가 중시한 인간 자신에 대한 각성과 반성 능력을 넘어, 레비나스는 인간은 타자에 대한 책임을 감수하며 헌신하고, 희생을 통해 자신의 존재가치를 찾아간다고 보았다. 이기적 자아가 윤리적 자아로 전환될 때 자기의 사적 이해에 사로잡히지 않으며, 타자의 고통을 공감하고 함께 책임을 감수하려는 태도가 된다.

'타자'는 사회적으로 낮고 천한 자로 나타나지만 때로는 극히 높은 자의 모습이 투영돼 활동한다. "영광스런 비천함, 가난한 자와 나그네, 과부와 고아의 얼굴을 하고 있고, 동시에 나의 자유를 정당화하라고 요구하는 주인의 얼굴을 하고 있다." 타자의 얼굴 그 자체가 계시가 되며, 단순한 화두가 아닌 명령의 형식으로 각자의 양심에 요구하는 창이 된다.

- 불쌍한 이웃을 돕는 것이 의무인가?

- 내가 손해를 보더라도 타인을 도와야 할까?

- 타인에 대한 무관심이 부도덕한 것인가?

- 사회적 계층 또는 계급에 따라 지켜야 하는 도덕이 따로 존

  재하는가?

- 타인을 이해할 수 있을까?

참고 문헌

프리드리히 니체, 『선악의 저편』, 아카넷, 2018

임마누엘 칸트, 『실천이성비판』, 아카넷, 2019

에마누엘 레비나스, 『전체성과 무한』, 그린비, 2018

알베르 카뮈, 『이방인』, 민음사, 2019

디트리히 본회퍼, 『신도의 공동생활』, 대한기독서회, 2010

그림 14
유대계 프랑스 철학자 엠마누엘 레비나스

15. 두려움과 근심에 대처하기

세계보건기구(WHO)는 2020년 3월 코로나19 (COVID-19) 바이러스로 인한 감염병의 전 세계적 위기 상황을 팬데믹pandemic이라 부르며 경고한 바 있다. 추산 불가능한 확진자 수와 세계적으로 최소한 700만, 최대한 2000만 명에 이르는 사망자를 낳았다. 미국의 경우 제2차 세계대전 희생자 50만 명의 2배에 이르는 100만 명의 사망자를 낸 만큼 두렵고 심각한 사회적 현실이 되었다. 사스(SARS-CoV)와 메르스(MERS), 코로나19를 경험했듯이, 전문가들에 의하면 이와 같은 전염병은 주기적으로 발생할 수 있다고 경고하고 있다.

　코로나19는 지구인에게 많은 것을 바꾸어 놓았다. 마스크를 하지 않은 야외생활은 엄두조차 낼 수 없게 되었고, 학교 수업은 비접촉과 비대면 방식으로 대체하였으며 사적 생활영역의 많은 부분을 생략하거나 포기하게 되었다. 특히 경제활동의 제한으로 자영업 사업장들의 줄도산이 이어졌으며, 해외 체류자나 유학생들이 그들의 삶의 방향을 수정해야 하는 경우도 빈번히 나타났다. 이와 같은 현상의 중심에는 불안정성과 두려움이 놓여 있다. 그리고 이는 우리가 세상과 좀 더 다른 방식으로 만나는 새로운 계기를 마련해 주기도 한다.

　우리가 느끼는 공통된 정서는 '불확실성'과 '예측 불가능한 현실'이다. 어두운 밤길이 두려운 이유는 무엇을 보았기 때문이 아니라 아무것도 볼 수 없기 때문인 것과 같이 우리를 불안하게 하는 것은 예측이 불가능한 오늘과 내일이다. 불확실한 미래, 불명확한 현실에 직면하여 개인은 불안과 공포의 망각을 위해 돈과 권력, 무차별적으로 제공되는 자연 과학적 정보들과 같이 허상과 왜곡된 이미지를 받아들이고 그로부터 안위함을 얻고자 시도한다.

팬데믹과는 결이 다른, 그렇지만 20세기 인류가 맞은 가장 긴박한 위기 상황이었던 제1, 2차 세계대전을 경험했던 독일의 사상가 하이데거는 인간의 일상은 비본래적 현상 안에 갇혀 있다고 전제하고, 왜곡되고 무감각해진 현실의 가면이 벗겨지는 체험은 두려움과 공포라는 계기를 통해 비로소 가능하다고 보았다. 그에 따르면 "불안과 공포는 삶의 근본적 느낌이다." 인간의 깊숙한 심리적 정서에는 죽음의 공포가 놓여 있는데, 이와 같은 실존적 체험 앞에서 자신의 현존재Dasein, 즉 실존Existenz을 받아들이고 "죽음이라는 불안과 삶의 사소함"을 각성할 때 자유로워질 수 있다고 주장한다. 이 순간 여태껏 익숙해 있었던 거짓과 위선, 망상의 현실은 공포 앞에서 그 "베일을 벗는다entschleiern." 사람의 말과 태도, 살아가는 모든 방편은 그와 같은 실존을 드러내는 수단이자 방편으로 기여할 때 유의미하다.

철학은 본래 위기의 학문이기도 하다. 철학이 또는 인문학이 추구해 온 가장 중요한 책무는 인류가 직면한 위기 상황에 대한 진단과 대안을 제시하는 일이었고, 그 역할은 현재에도 유효하다. 그렇다면 일상 속에서 두려움과 공포를 벗어버리지 못한 채 살아야만 하는 우리에게 어떤 조언을 할 수 있을까? 몇 가지 생각을 나누어 본다.

첫째, 하이데거의 주장과 같이 우리가 직면한 '공포'와 '두려움'의 심경은 회피나 망각의 대상이 아닌 '수용'과 '동행'의 주제로 받아들여야 한다. 회피와 망각을 선택한 자는 과도한 대체재에 몰입하는 성향이 있다. 동시에 현실의 어려움과 고통에서 벗어나지 못한 채 살아가는 우리 이웃이 존재하지 않는 척 외면할 수도 있다. 다만 수용과 동행을 선택한다면, 그 요인이 사회 구조적이던 개인적 요인에서 유래했던 그 안에 직접 들어가 공감하며 그들과 함께 치유하고 해결해 줄 수 있는 의지를 보유하게 된다.

둘째, '연대의 가치'를 깨닫고 실천해야 한다. 팬데믹으로 알게 된 또 하나의 사실은 나 또는 우리만 잘 지낸다고 하여 문제가 해결될 수 없다는 점에 대한 각성이다. 세계보건기구의 역할이 중시되었듯이 전 세계는 서로 기대어 살아야 한다. 정치적 의미를 넘어 학술적 융복합 시대를 절감한 계기도 되었다. 19세기에 유럽은 이미 학문 영역에서 융복합 연구 열풍이 불었다. 우리도 대략 20여 년 전부터 학제 간 통합연구를 위한 관심과 노력이 눈에 띄게 늘어났지만 최근 그 필요성이 더욱 실감하게 되었다. 분자생물학이 의학과 만나는 것을 넘어 반도체 기술과 접목되고, 정치나 사회영역의 저널에 알고리즘을 접목한 소비자와의 접촉 시스템을 만들어 내는 시대가 되었다. 다양한 학문의 협업과 같이 사회와 국가 간 연대의 중요성 또한 시급해졌다.

마지막으로 위기의 시대를 맞아 우리 자신을 다시 들여다보아야 하는 순간을 맞게 되었다. 독일의 유대인 철학자 후설은 1936년 당시 유럽 사회 및 철학의 위기를 목도하면서 미완성의 집필로 남겨 놓았던 『유럽학문의 위기와 선험적 현상학』에서, 위기의 핵심 원인을 전통적 지식이나 학술 이론의 경직된 사고가 시대적 상황에 유연히 대처하지 못하고 있다는 점과 과학과 기술의 맹목적 수용의 위험성을 지적하고 있다. 나와 다르고 낯선 대상과의 소통과 공감, 이것이 우리가 직면한 근심과 두려움으로부터의 탈출을 도울 수 있을 것이다.

- 현재 나를 두렵게 하는 것은 무엇인가?

- 현대인의 근심과 두려움은 어디에서 유래할까?

- 두려움과 근심은 인간의 본성일까?

- 낯선 사람은 누굴까, 그들과 소통하는 방법은 무엇인가?

- 두려움에 맞서는 삶은 이를 회피하는 삶과 구체적으로 어떻게 다를까?

참고문헌

마르틴 하이데거, 『존재와 시간』, 까치, 1998

에리히 프롬, 『자유로부터의 도피』, 휴머니스트, 2020

임채광, 『프롬의 "자유로부터의 도피" 읽기』, 세창출판사, 2022

아브라함 헤셸, 『안식』, 복있는사람, 2007

함석헌, 『뜻으로 본 한국역사』, 한길사, 2003

그림 15
독일의 실존주의 사상가 마르틴 하이데거

16. '왜'라고 질문할 권리

"자동차를 타고 달려가는 사람은 걸어가는 사람을 물리적으로나 심리적으로나 먼지 속에 남겨 둔다. 자동차를 가진 이에게도 못 가진 이에게도 이건 돌이킬 수 없는 상황이다." 노르베리-호지Helena Norberg-Hodge(1946-현재)의 『오래된 미래』 본문에서 말하는 이 현상은 기술 문명의 딜레마이다. 언뜻 보기에 최첨단으로 달려온 현대 문명이 많은 것을 빠르고 편리하게 해 주었고, 우리 삶이 더욱 풍요해지고 발전한 듯하지만, 그 배후엔 과연 과학 기술이 우리에게 안겨 준 고민에 대해 되묻지 않을 수 없게 되었다. 빈부의 갈등, 환경파괴, 실업자와 자살률의

증대 등이 이 시대의 모순과 위기감을 보여 준다.

마르쿠제는 이와 같은 사회 현상의 배후에 '기술적 합리성'이 놓여 있다고 보고, 이것이 지배의 이데올로기가 되어 버렸다는 것이다. 그는 기술 산업 사회 구성원들의 생각과 삶이 기술적 합리성의 지배 안에서 통제되고 있다고 주장한다. 여기에서 인간과 자연은 그 어떠한 존재 목적도 없는 '중립적 처리 대상'으로 간주되며, '경제적 효용 가치', 세속적 '권력의 지배 대상'으로서 전락한다. 이와 같은 맥락에서 마르쿠제는 개인의 생각과 욕구, 일상을 지배하고 통제하는 기술 산업 사회를 '전체주의' 사회로 규정한다.

전체주의는 개인과 공동체의 억압과 분열, 지배와 통제를 통해 일부 사회적 특권층의 권익을 보호한다. "전체주의적이란 말은 사회를 정치의 테러적 통치만을 의미하지 않고 지배적 관심을 동원해 각 개인의 욕구를 조작해 내는 비테러적 경제-기술적 지배 속에도 들어 있다." 경제적이고 기술적 작동의 원리는 현대인의 일상을 지배하고 현재와 미래를 점령하여 버렸다. 돈 벌기 위해,

현대적 첨단 지식과 기술을 배우기 위한 몸부림은 모든 젊은이와 미래세대의 생존조건이 되었다. 이들은 불행하다.

불행은 젊은 세대만의 운명이 아니다. 경제적 수준을 유지하기 위한, 소비 문화의 화려한 파티에서 낙오자가 되지 않기 위한 과도한 흥분상태가 개인적 부자유와 사회적 갈등을 만든다. 돈과 물질적 가치의 숭배는 개인의 일상을 전장에 참전 중인 전사로 만든다. 치열한 삶, 속도와 효율성만을 부추기는 현실은 개인을 더욱더 다그친다. 사람됨의 가치와 행복의 전통적 가치들은 무시되고 외면당한다. 마치 자동차의 운전자가 노면 위의 도로 상태 외엔 그 무엇도 볼 수 없듯이, 기계 장치 속 엔지니어로 돌변한 현대인들은 기계 장치의 조력자로 성실히 순응할 것을 강요받는다.

고도로 발전한 기술 문명에 의존한 삶이 행복의 조건이 될 수 없다는 사실은 명확해 보인다. 그렇다고 포기할 수도 없다. 그렇다면 우리 일상에서 기술과 자연의 적절한 공존방식은 무엇일까? 언어학자인 노르베리-호지

가 1975년 언어 연구를 위해 인도 북부 작은 마을 라다크
에 들어갔다가 빈약한 자원과 혹독한 기후에도 불구하
고 생태 원리를 이용한 지혜를 통해 천년이 넘도록 평화
롭고 건강한 공동체를 유지해 온 비결을『오래된 미래』
에서 소개하고 있다. 그는 진정한 '행복'의 의미에 대하여
되묻는다. 여기에서 제시하는 참 행복의 묘책은 전통적
라다크적 삶 속에 있다고 보았다. 그것은 저생산 체계의
구축이자 느림의 철학 안에 투영되는 '생명'과 '삶의 본질'
에 대한 추구이다.

그렇다고 우리가 수백 년 전의 삶으로 돌아가자는
것은 아니다. 오히려 진보를 주장하되 반개발의 진보를
지향한다. 서구적 산업사회가 지향하는 개발 형태는 극
히 '악성 개발'에 가깝다. 난개발의 폐해와 권력의 집중화
현상을 극복하고 행복한 내일을 가져다줄 가능성은 "오
랜 옛 지혜 속에 있다"라고 설명한다. 그러한 삶은 어떤
것일까? 우리가 돌아갈 가치나 문화적 터전은 무엇일까?

"어찌하여 느림의 즐거움은 사라져 버렸는가? 아,
어디에 있는가, 옛날의 그 한량들은? 민요들 속의 그 게

으른 주인공들, 이 방앗간 저 방앗간을 어슬렁거리며 총총한 별 아래 잠자던 그 방랑객들은? 시골길, 초원, 숲 속 빈터, 자연과 더불어 사라져 버렸는가?" 쿤데라Milan Kundera(1929-2023)는 『느림』에서 우리에게 생각의 익숙함에서 떠나고 숨겨진 개념들을 되살리라고 주장한다. 우리는 "빈둥거리고 있는 것"이 아닌 "고요한 한가로움"을 즐기고 있는 것이라고 외쳐야 한다. 강요된 속도감의 엑스터시 상태에서 벗어나기 위해서는 우리에게 익숙해 있는 잘못된 개념들에서 벗어나야 한다.

현대인은 '왜?'라는 질문을 잊었다. 세상은 온통 어떻게 살 것인지에만 관심이 많다. '어떻게'를 위해 조기 교육을 받고, 학교에 진학하며, '어떻게'를 전제로 결혼한다. 그렇지만 무엇을 위한 '어떻게'인지 질문하지 않는다. 삶의 방편과 수단이 목적으로 둔갑하였고, 그것을 쟁취하기 위해 수단과 방법을 가리지 않고 돌진하라고 다그친다. 모두가 전사가 되어 버린 현실, 기술 산업 문명의 톱니바퀴에서 벗어나는 길은 이전과 다른 곳을 주목하는 데에 있다. 일단 현재의 나를 멈추자, 그리고 새로운 질문을 던져 보자. 나는 무엇이고, 삶의 목적이 무엇인지 물어볼 수 있어야 한다. 나만의 권리, 나의 진정한 가치를 찾아보자! 참뜻은 스스로 찾아내야만 내 것이 된다. 그것이 권리이다.

'왜'라고 질문할 권리

- 현대인들이 두려워하는 것은 무엇일까?

- 많은 현대인이 쫓기듯 삶을 살아가게 하는 근본적인 원인은 무엇일까?

- 현대인의 존재가치는 어디에서 획득할까?

- 현대인에게 가족은 무슨 의미를 가질까?

- 출산율 저하와 현대 문명은 무슨 관련이 있을까?

참고 문헌

요슈타인 가아더, 『소피의 세계』, 현암사, 2015

헬레나-노르베리 호지, 『오래된 미래: 라다크로부터 배운다』, 중앙북
　　스, 2015

밀란 쿤데라, 『느림』, 민음사, 2012

요한 하위징아, 『호모 루덴스』, 연암서가, 2020(개정판)

미셸 푸코, 『말과 사물』, 민음사, 2012

그림 16
체코 출신의 소설가 밀란 쿤데라

17. 배움의 힘

불평등과 빈곤, 부자유가 파울루 프레이리Paulo Freire(1921-1997)가 주목한 20세기 브라질 사회의 현실이었다. 가난하고 불우한 하층민들은 그러한 질곡에서 벗어나는 것이 근본적으로 쉽지 않았다. 다양한 방식의 차별과 억압에도 불구하고 이들이 불행한 현실에서 벗어나지 못하는 가장 큰 원인은 그들 스스로가 자신의 처지에 대해 바로 이해하고 있지 못하고, 인지한다고 하여도 구조적 억압으로부터 벗어날 능력을 갖고 있지 못했다는 점이었다.

파울루 프레이리는 이와 같은 현실을 건강하지 못

한 상황이라고 보고, 교육은 당시의 브라질 사회와 억압과 구조적 모순에 의해 불행한 삶을 살아가는 개인들의 삶을 회복시켜 줄 수 있는 필수 불가결한 수단이라고 생각하였다. 이와 같은 의미에서 교육자는 사회에서 소외된 이들에게 빛이 되고 희망을 주는 리더여야만 한다. 리더로서 교사는 '돌봄'의 마음으로 배려하며, '소통'의 기술과 '실천' 능력이 있어야 한다.

프레이리가 교육의 '돌봄' 기능에 주목하게 된 배후에는 그의 가정환경이 중요한 역할을 하였다. 그는 1921년 브라질 북동부 페르남부쿠주 헤시피에서 한 중산층 가정에서 태어났다. 마침 불어닥친 미국 경제공황의 직접적인 영향권 아래 놓여 있던 브라질의 경제 사정과 13세가 되던 해에 아버지를 잃어 그는 어린 시절부터 빈곤과 굶주림에 익숙한 생활을 하게 된다. 그 자신도 빈곤으로 4년간 유급을 경험하면서, 빈곤층에게 배움의 기회가 매우 부족한 현실을 발견한다. 심지어 배움의 기회가 없이 성장한 대부분의 빈곤층 시민은 자신의 존재 의미와 자존감조차 보유하지 못하고 살아간다는 점을 알게 되었다. 교육자는 소외된 이들에게 다가가 이들과 공감하며, 궁극적으로 그들이 사회에서 건강하고 당당한 주체로 성장할 수 있도록 돕고 배려하는 일을 수행해야 한다.

그렇지만 교육은 단순히 본인에게 주어진 문화적 환경과 정치적 현실을 운명과 같이 받아들이도록 길들이는 내용으로 일관된다. '은행저축식 교육'이 대표적이다. 프레이리는 프롬의 개념을 인용해 은행저축식 교육처럼 반역사적이고 억압적 성향의 교육을 '반생명적', '사체애호적necrophily 성격'을 갖는다고 규정한다.

"압제 -저항할 수 없는 지배- 는 사체애호적이다. 그것은 생명체에 대한 사랑이 아니고 죽음에 대한 사랑으로 자양분을 공급받는다. 은행저금식 교육은 압제의 이익을 돕는 사체애호이다. 기계적이고 정적이고 박물학적이고 공간화하는 의식관에 기초를 두고 있는 이 교육은 학생들을 '받아들이는 물체들'로 변형한다. 생각과 행동을 지배하려고 시도하고 인간이 세계에 적응하도록 이끌어 가고 그들이 가지고 있는 창조력을 억누른다." 『페다고지』

'대화dialogue'를 통한 교육은 프레이리의 창의적이고 수평적 교육을 위한 리더십을 보여 준다. 대화를 활용한 교육 방법은 '문제제기식 교육'을 지향한다. 누군가에 의해 피동적으로 주입되는 교육이 아닌 스스로 깨닫고 문제를 찾아가는 교육이다. 이때 교육은 정보의 수직적 전달이 아닌 피교육자가 "아는 게 전혀 없다고 생각하는 부분에 대해 사실은 알고 있는 것이 있다는 점을 스스로 깨닫게 하는 소통"을 목표로 삼는다. 이로써 누군가를 억압하거나 누군가가 억압을 당하지 않고 구성원 각자가 삶의 주인이자 주체로 살아가도록 돕는다. 누가 누구를 억압하거나 굴종하는 관계가 아닌 모두가 자유롭고 행복함으로 공존하는 사회, 다양한 개별적 가치를 표출할 권한과 욕망을 상호 존중하는 '인간화Humanization'된 사회를 지향한다.

교육은 또한 일종의 '실천 행위Praxis'라고 보았다. 사람과 사회를 변화시키는 힘이다. 단순히 지식이나 이론에 그치는 것이 아니라 인간의 의식 안에 내재해 있는 역사성을 자각하고 이에 따라 행위하여 세상 속에 책임 있는 구성원으로서 영향을 주는 태도를 말한다. 프레이리 자신도 평생 세상을 바꾸는 실천적 활동으로 헌신하였다. 25세이던 1946년 페르남부쿠주의 사회봉사기구인 '사회산업사업부(SESI)' 소속으로 처음으로 문맹 퇴치 교육의 일선에 나섰다. 1959년 헤시피대학교에서 박사학위를 취득한 후에는 교수로 봉직하면서도 '국가 문해 교육 프로그램National Literacy Program'의 책임자로도 활동하였다. 1997년 5월 2일 사망할 때까지 그는 교육이 인간다운 삶을 회복시켜 주고, 아직 인간적 지위를 자각하지 못한 채 빈곤과 부자유의 현실을 숙명처럼 생각하고 살아가는 이들에게 문화적, 정치적 각성의 기회를 주어 주체적 인간으로 스스로 삶을 책임지는 자가 되도록 돕는다고 믿었다.

약육강식의 사회에서 교육은 사회적 약자들을 돕고 구성원 간의 소통을 강화하여 인도주의적 사회로 진화할 수 있도록 변화할 것을 주문한다. 그와 같은 변화는 교육자가 이끌어가야 한다. 진실된 리더는 곧 교육자이다. 그는 지배나 수직적 지도자가 아닌 무제한적 대화를 통해 새로운 길을 함께 찾아가는 열린 마음의 토론자이다. "대화는 현실을 끊임없이 변형시키기 위해 자신을 헌

신해 가는 과정이며," 오히려 인내와 배려, 보살핌과 수
용 과정을 통해 낯설고 적대적이었던 타자와 함께 어우
러져 건강한 사회를 만들어 가는 묘법이다.

- 교육은 무엇일까?

- 모든 배움은 유익할까?

- 서양의 무상교육엔 어떤 철학적 배경이 있을까?

- 인간에겐 교육받을 의무가 있을까?

- 오늘날 미래세대를 위한 교육에 어떠한 문제가 있을까?

참고 문헌

토마스 네이글,『이 모든 것의 철학적 의미는』, 서광사, 1989

파울루 프레이리,『페다고지: 억눌린 자를 위한 교육』, 한마당, 1995

프리드리히 니체,『비극의 탄생』, 아카넷, 2007

미셸 푸코,『감시와 처벌: 감옥의 역사』, 나남출판, 2020(재판)

안병무,『역사와 해석』, 한국신학연구소, 1998

그림 17

브라질의 교육자 파울루 프레이리

18. 사랑과 돌봄의 리더십

가난하고 소외된 자들의 편에 서는 것, 그리고 그 가치를 실천하는 삶은 쉽지 않다. 특히 약육강식의 세계에서 가난하고 사회적으로 빈곤한 이들의 편에 선다는 것은 용기가 필요하다. 소외되고 가난한 사람의 편에 서서 사는 것이 때로는 위험할 수도 있다. 더욱이 일생 그들을 위해 헌신하는 삶을 사는 일은 보통 사람의 경지를 넘어서는 위대한 인생으로 추앙받아 마땅하다. 일명 '쪽방촌의 슈바이처' 선우경식 원장의 삶이 그러했다.

선우경식 원장은 천주교 신자로서 사하라의 베니-아베스로 들어가 원주민들과 더불어 살며 복음을 전했던

샤를 드 푸코Charles Eugene de Foucauld(1858-1916) 신부의
생활 정신을 본받아 이를 실천하며 살아가는 '예수의 작
은형제회' 소속 회원으로 평생 세상을 섬기다가 2008년
4월 18일에 소천하였다.

1969년 가톨릭대학교 의과 대학을 졸업한 후 미국
킹스브룩 주이시 메디컬 센터Kingsbrook jewish medical cen-
ter에서 공부한 다음 귀국하여 한림대학교 교수로 봉직했
던 선우 원장은 1983년부터 달동네였던 서울 신림동에
서 무료 의료봉사를 시작한 이래로 돈과 명예 등 세속적
욕망을 내려놓고 헐벗고 가난한 이들의 후견인이 되었
다. 급기야 1987년 8월에는 지인의 도움을 받아 영등포
역사 뒤편에 '요셉병원'을 설립하기에 이른다.
'요셉병원'은 노숙자들과 건강보험증이 없는 행려자
들, 알코올 의존증 환자, 몸이 아파도 돈이 없어서 병원
에 갈 수 없는 가난한 사람들, 쪽방촌에 기거하는 독거노
인들에게 무료 진료와 치료, 수술까지 해 주었다. 직장
보험 외엔 의료보험 혜택을 전혀 기대할 수 없었던 시절
이었다. 그곳은 행려자는 물론 당시 의료의 사각지대에

놓여 있는 외국인 노동자들에게까지 사랑으로 열려 있는 편안한 병원이었다. 독신이었던 선우 원장은 "의사에게 아무것도 해 줄 수 없는 환자야말로 진정 의사가 필요한 환자"라고 강조하며 비가 오나 눈이 오나 진료실을 지켰다. 심지어 암과 뇌졸중과 싸우면서도 진료를 이어 갔고, 고인이 되기 나흘 전까지도 진료실을 지켰던 것으로 알려졌다.

이제 그는 없지만 이곳에서 의료 자원봉사를 하는 의사들이 120여 명에 이르고, 600여 명의 다양한 전문 분야의 봉사자들과 만 2000여 명의 후원자의 도움으로 하루 평균 100여 명의 가난하고 소외된 환자가 요셉의원을 이용하고 있다. 가난하고 소외된 이들에게 오는 굶주림을 해결해 주고, 병으로 고통받고 배를 곯는 환자들에게 무료로 행하는 진료가 얼마나 유지가 될 것이며 오래 버티겠냐는 걱정과는 달리, 2026년 기준으로 설립 39년을 맞게 된 현재에도 요셉의원의 기적은 아직도 진행 중이다.

선우경식 원장의 삶에 가장 중심을 이룬 가치의 하

나는 예수 그리스도의 '사랑'과 '박애 정신'에 있었다. 그는 가톨릭 신자의 가정에서 태어나 가톨릭대학교 의과대학을 졸업하였고, 이후 성모병원에서 내과 레지던트 과정을 마친 다음 1980년대 초엔 성 프란치스코 의원에 근무하기도 하였는데 이는 우연이 아니었다. 한때 신학 공부를 고려하기도 하였던 선우경식 원장은 그리스도의 사랑과 박애 정신을 자신의 삶으로 보여 주고자 하였다. 그런 그에게 모범이 된 자가 샤를 드 푸코 신부였다. 그 영향으로 선우경식 원장은 작고하기 직전까지 20년간 '예수의 작은 형제회'의 재속회원으로 몸담고 활동하였다.

선우경식 원장의 리더십이 갖는 특징의 도드라진 점은 약자와 소외된 자들에 대한 '배려'와 '보살핌'이다. 그 스스로 1945년 평양에서 태어나 1.4 후퇴 시기에 부모님과 함께 월남한 실향민이었다. 사회적 약자와 가난한 이들에 대한 남다른 관심은 2003년 5월『착한이웃』창간호의 기고문에 다음과 같이 설명한 바 있다. "진료비를 한 푼도 낼 수 없는 이들이 다른 어떤 환자들과도 바꿀 수 없는 귀한 보물임을 발견한 것도 이 진료실이며, 그런 이유 때문에 지난 세월 진료실을 떠날 수 없었다. 돌이켜 보면 이 환자들은 내게는 선물이나 다름이 없다."

약자에 대한 '돌봄'과 '보살핌'이 개인의 희생과 헌신을 통해 가능하다는 점은 어린 선우 원장도 알고 있었을 것이다. 그렇지만 그는 개인적 출세나 부유한 삶을 마다하고 힘들고 고통스러울지라도 더욱 값지고 의미 있는 길을 기꺼이 선택하였다. 오히려 그는 의사에게 아무것도 해 줄 수 없는 환자야말로 의사인 본인에게 선물과 다름없다고 감사해하였다.

예수 그리스도의 생전에 많은 제자가 있었고 추종하는 무리들은 그에게 배우기 위해 귀를 기울이며 몰려다녔다. 예수를 따르고 추종자의 대열에 포함되고자 했지만, 가난하고 불쌍한 사람들을 돕고 그들과 동행했던 스승의 삶에 주목하는 이들은 많지 않았다. 심지어 가난한 사람을 도운 착한 사마리아 여인의 선행을 민족과 신분상의 이유로 비난하기에 바빴다. 21세기에 대한민국에 기독교 정신을 표방하는 병원이 많지만 아직도 돈이 없어 병원에 가지 못하고 치료받지 못하는 이들이 적지

않다는 점은 안타까운 현실이다. 왜 우리가 선우경식 원
장의 '돌봄'과 '보살핌'의 리더십에 주목해야 하는지 드러
난 이유이다.

- 다름과 낯섦이 내게 상처가 될 때는 언제였을까?

- 공감과 다가섬의 언어를 어떻게 배울 수 있을까?

- 사적 소유물이 공적 의미를 지니는 이유가 무엇일까?

- 대화할 때 판단하지 않고 이해하고 공감하는 법에 대해 의
  견을 나눠 보자.

- 연민의 마음으로 대화하는 법에 대해 생각해 보자.

참고 문헌

카롤린 엠케, 『혐오사회』, 다산지식하우스, 2017

해럴드 S. 쿠시너, 『착한 당신이 운명을 이기는 힘』, 까치, 2011

피에르 부르디외, 『구별짓기 상,하』, 새물결, 2005

리처드 도킨스, 『이기적 유전자』, 을유문화사, 2018(개정판)

리처드 라이트, 『미국의 아들』, 창비, 2012(개정판)

그림 18
'쪽방촌의 슈바이처' 고(故) 선우경식
원장

19. 낀 세대로서 공감하기

　최근 2030 세대 남성들은 둘러싼 각종 논쟁이 사회적 이슈가 되었다. 특히 선거철이 되면 그들의 선택을 받고자 하는 정치세력과 기성세대 또는 여성 운동가들 사이에 이견을 표출하기도 한다. 이에 주목할만한 점은 4050으로 불리는 기성세대와 2030 세대 남성 간 충돌이다. 특히 가치관이 충돌하는 선거철에는 그 간극이 더욱 심화된다. 실제로 지난 2021년 대선 출구조사에 따르면 2030 남성과 4050 기성세대의 지배적 정치 성향이 매우 다른 것으로 나타났다.

　물론 젊은 여성세대가 기성세대와 동일한 관점을

갖고 있다고 볼 수는 없겠으나 기성세대와 젊은 남성들과의 견해 차이가 더 도드라지게 나타났는데, 이 중에도 남녀 평등 문제를 바라보는 시각 차이가 컸다. 우리 사회가 아직도 남녀 불평등의 전통적인 요소들을 간직하고 있고, 장차 성숙한 평등사회에 도달하는 데 개선돼야 할 부분이 많다는 점은 자명한 사실이지만 왜 젊은 남성들이 양성평등 이슈에 대해 이토록 강력하게 반발하는지, 심지어 여성가족부의 해체까지 요구하는지 납득할 수 없다는 것이 기성세대의 지배적 시각이다.

적지 않은 2030 남성은 기성세대가 경험하고 생각하는 시각 그 반대편에 서 있다. 왜일까? 정작 아동 청소년기 기간 및 학창 시절에 여성에 대한 그 어떠한 차별적 이익을 취한 경험이 없고 그런 의도조차 가져 본 적이 없는 학생 또는 사회 초년생들에게 현실은 일종의 역차별로 다가온다. 물론 여가부 폐지 그 자체로서 그들의 신상에 우호적 변화를 기대할 수는 없겠지만 제도적으로 어떠한 저항조차 할 수 없었던 이들에게 일종의 상징적 의미를 갖는다.

극심한 이견이나 갈등이 발생하는 사회적 공간이나 집단들 사이에는 몇 가지 유사한 현상들이 수반된다. 우선 동일한 문제를 서로 다른 지점에서 바라본다. 여성의 지위 향상이 필요하다는 점은 양쪽 모두 동의하지만 체감하는 현실은 전혀 다르다. 특히 2030 남성의 경우, 취업뿐만 아니라 징병제를 채택하고 있는 대한민국 청년으로서 병역의무에 따른 그들의 심리적 다급함은 그들을 더욱 옥죄어 온다.

동일한 사태에 대해 서로 다른 정보와 수단으로 접근하는 경우에도 갈등이 증폭된다. 여성들은 물론이지만 권위적 사회 속 남녀 차별 사회의 현상을 지켜보며 생활했던 기성세대의 눈으로 보아도 남성 청년들의 태도를 이해하기는 쉽지 않다. 반대편에선 오히려 한국 남성에겐 군 입대와 같은 제도적 불리함 외에도 결혼할 때 주어지는 재정적 부담과 사회적 책무를 떠안아야 하는 고충이 있다고 항변한다.

다름이 때로는 생산적인 내일을 위한 밑거름으로 기능하기도 하지만 지나친 갈등과 투쟁 관계가 형성될

때 사회적 통합을 해친다. 특히 첨예한 갈등이 전개되는 각 주체는 각기 다른 의도와 목표를 설정해 놓고 쟁투를 벌이는 경우가 많다. 방향과 목표를 달리하다 보니 당장 현안을 보는 관점의 간극이 넓어질 수밖에 없다. 갈등의 봉합과 화해를 위해서라도 속히 2030 남성과 기성세대 간의 소모적 논쟁 중단이 유익할 것이다.

철학은 본래 이와 같은 위기 상황에 유효적절한 대안을 제시하는 역할을 자임해 왔다. 갈등을 부추기는 극단주의나 회의론을 극복하는 일은 그 자체가 목적은 아니었을지라도 보편학으로서 철학에 늘 핵심 과제 중 하나였다. 호주 출신의 영국의 사상가 크르즈나릭Roman Krznaric은 『공감하는 능력』에서 인간을 본래 공감하는 능력을 보유한 채 태어나는 존재, 즉 "호모 엠파티쿠스 Homo Empaticus"라고 규정한다. 인간의 본성을 살리는 것이 갈등을 해결하는 비책이다.

공감은 또한 사회적 연대의 출발점이기도 하다. 현안에 대한 접근방식에 첫 단추가 공감 의지로부터 시작된다. 크르즈나릭에 의하면 공감 능력이 뛰어난 이들은 여섯 가지 특징을 보여 준다: ①공감 회로를 작동시켜 정신적 프레임을 전환한다. ②타자의 개성과 인간성 등에 주목하며 상상력을 발휘해 본다. ③익숙함에서 벗어나 새로운 체험에 과감히 뛰어든다. ④낯선 대상과의 대화 기법을 연마한다. ⑤예술, 문화, 영화, SNS 등 타자의 마음속으로 다가가 역지사지易地思之해 본다. ⑥주변을 포용하며 점차 변화시킨다.

오해의 골이 깊을수록 일거에 해소되긴 쉽지 않다. 그렇지만 구성원들의 관심과 해소 의지는 중요하다. 특히 리더는 갈등과 분쟁 해결의 가장 큰 책임을 져야 하는 위치에 놓여 있다. 이와 같은 의미에서 2030 세대 남성 또는 여성계 및 기성세대 간 갈등은 단지 '다름'에서 표출된 현상을 넘어 사회-문화적 사건이자 정치적 과제이다.

사실 공감 의지를 갖고 바라볼 때 젊은 남성과 기성세대는 닮은 부분이 많다. 가장 도드라진 점은 '낀 세대'라는 점이다. 4050 세대는 부모님을 모시고 공경하도록 배우고 실행한 마지막 세대가 될 것이다. 적은 수의 자식을 두었기에 본인이 한 대로 동일한 대접을 받는 것은 불

가능해 보이기 때문이다. 2030 세대 남성의 경우는 양성
평등 문제에 한하여 '낀 세대'이다. 청년으로 성장해 오면
서 학교에서 대부분을 보내온 이들에게 남성우월주의는
교과서에서나 본 개념이었다. 그러나 책임 의무는 그들
을 제외하지 않는다. 억울한 지점이다. 관심과 공감 그
리고 사랑이 서로 필요해 보인다.

- 사람 간 다툼이 발생하는 이유가 무엇일까?

- 상호 간 대화가 쉽지 않은 이유가 무엇일까요?

- 다름을 이해하고 인정할 수 있는 방법이 무엇일까?

- 교육은 공감 능력을 배양하기 위해 무엇을 가르치고 배워야

  할까?

- 공감 능력 키우는 방법을 함께 생각하고 실천해 보자.

참고문헌

로먼 크르즈나릭, 『공감하는 능력』, 더퀘스트, 2018

제러미 리프킨, 『공감의 시대』, 민음사, 2010

헨리 데이빗 소로우, 『월든』, 은행나무, 2011

주디스 허먼, 『트라우마』, 사람의집, 2022

클로드 레비-스트로스, 『슬픈열대』, 한길사, 1998

그림 19

호주 출신의 영국의 사상가 로먼 크르즈나릭

20. 회복과 연대에 대하여

언젠가부터 연말이 되면 그 해를 함축하는 사자성어를 정해 언론에 공개하는 전통이 생겼다. 몇 해 전 언론은 교수들이 사자성어로 '나는 옳고 상대는 틀렸다'는 뜻의 '아시타비我是他非'를 꼽았다고 보도하였다. 아시타비는 좌우, 빈부, 세대의 차이 등으로 극심한 갈등을 벌이고 있는 오늘의 한국 사회를 잘 반영하고 있다. 아시타비를 추천한 정태연 중앙대학교 심리학과 교수는 "모든 잘못을 남 탓으로 돌리고 서로를 상스럽게 비난하고 헐뜯는 소모적 싸움만 무성할 뿐 협업해서 건설적으로 문제를 해결하려는 노력은 보이지 않는다"라고 추천 이유를 밝혔다.

인류의 긴 역사에 갈등 상황이 없는 사회는 존재하지 않았다. 수많은 갈등과 위기를 딛고 사회는 발전하고 역사는 흘러왔다. 우리 사회가 더욱 건강히 발전하기 위해선 이와 같은 갈등과 분열의 에너지를 화합과 연대의 힘으로 전환해야 한다. 화합과 연대의 길은 어디에 있을까?

마르쿠제에 따르면, 사회란 일부 전통 철학 이론에서 규정하듯이 자아 또는 개인과 대립하는 타자가 아니라 인간이라는 생명체들로 이루어진 마치 '거대한 유기체'와 같다. 그리하여 개인과 사회는 무관하지 않으며 일종의 한 몸이다. 단, 개인이라는 개별적 유기체와 사회 또는 공동체는 "에로스Eros" 또는 "타나토스Thanatos"에 의해 구조화되어 있다. 여기서 마르쿠제는 에로스를 일종의 사회적 충동이라고 본다.

마르쿠제는 미국을 위시하여 서구사회 전체로 퍼져나갔던 1960년대 말 학생운동 시기에 소위 에로스적 충동에 의해 유지되는 이상적 사회를 실현할 수 있는 구체적 구상을 내놓은 바 있다. 여기에서 건전한 사회란, 생명의 원리에 따라 구성된 자유로운 사회이며, 이는 에로스적 충동이 사회의 내부 구조를 규정하는 '공동체'이다. 그렇다면 생명의 원리에 입각한 에로스적 '연대', 그와 같은 공동체란 어떠한 사회를 말하는 것일까?

첫째, 자유로운 개인이 다양성과 독특성을 최대한 발현할 수 있는 사회이며, 그 어떠한 이념적, 정치적 억압도 허용하지 않는 "열린 공간"이다. 우리 사회를 이끌고 주도하는 제도적 가치와 논리에 의해 그 지위가 결정되고 행위의 체계와 의미가 규정되는 곳이 아니라, 각자 모두가 자연으로부터 부여받은 언어적 소통과 자신의 개별적 의미와 가치의 지평을 어떠한 억압도 없이 발현할 수 있는 '놀이 공간'이다.

둘째, 역사적 가치와 의미를 함유한 개체들의 '실천 공동체'이다. 현재의 불평등과 억압적 쾌락에 순응하지 않고 내일을 표상하고 궁극적으로 "현존재의 평화로운 충족"을 지향하며 평등한 내일을 계획하고 실행하는 구성원들이 이끄는 사회이다. 그들의 뇌리엔 "유토피아"가

내일의 희망으로 간직되어 있으며 변혁과 더 나은 미래를 위해 현재의 감각적 충족에 만족하지 않는 "현실의 거부"의 의지이자 "부정"이다. 이러한 의지가 곧 에로스로서 구성원들의 "의식에 침투"하여 사회와 인류의 운명을 바꿀 주체로 기능할 것이다.

프로이트와 달리 마르쿠제의 "에로스" 개념이 갖는 독특한 관점은 에로스의 "가치론적" 해석에 있다. 이는 전통적 가치론에 프로이트적 통합이 스며 있어 흥미롭다. 칸트에게 있어서 이성은 지식 이성과 함께 도덕 이성의 작동을 통해 그 근본 기능이 충분히 발현될 수 있다고 전제하고 있다. 이때 도덕 이성의 마비는 이성의 야만성으로 변신할 위험요소를 내포하기 때문에 지식 이성에 비해 우위에 있다.

마르쿠제에 의하면 칸트는 이성의 양 기능 사이 완전한 통합적 구조를 설명해 내지 못했다. 그는 이에 반하여 에로스가 그 '감지자' 역할을 할 수 있다고 믿었다. 에로스가 일면 도덕이성의 온전한 실행의 전제임을 의미한다. 이와 같은 의미에서 에로스적 경험은 "이성적" 경험이며 "새로운 합리성"에 대한 경험이다. 죽음의 본능으로부터 해방은 곧 지식과 도덕, 이성과 에로스적 본능 사이의 모순이 사라짐을 의미하며 양자 간의 "통일"이다. 그렇기에 마르쿠제의 시각에서 이성적 가치인 "선"은 도덕적 가치이지만 동시에 미학적 가치와 모순을 일으키지 않는다.

에로스적 충동은 중재자 기능을 수행한다. 지식의 논리가 도덕적 가치를 억압하지 않으면서도 미적 차원이 침투한다. 동시에 사물화된 아름다움을 위해서 지적 타당성에 위배되는 실천을 요구한다거나 반도덕적 행위를 정당화할 수 없을 것이다. 이 또한 에로스적 충동의 간섭에 의해서이다. 에로스는 "자유"이며 현존재의 평화로운 실존, 더 나아가 넓은 의미의 정치적 해방을 지향한다. 그 누가 무엇에 의해 규정되거나 구속받지 않는, 그러면서도 스스로 자신의 존재를 지키며 평화로운 공동체를 위한 책임을 다할 수 있는 그러한 인격체를 꿈꾼다.

경제적 가치에 따른 기술의 오용 그리고 과학의 논리가 지배하는 기술 산업 사회에서 개인의 도덕적 준거는 흔들리기 쉽다. 이에 생명은 도덕적 판단의 새로운 기준이 되고, 에로스적 충동이 바로 그 지침이 될 것이다. 생명은 자연으로부터 부여된 생존본능에 충실한 자아이며 동시에 역사적 존재이고 정치적 자유를 지향하는 개인이다.

마르쿠제의 '생명'은 단순히 생물학적 존립 가능성을 의미하지 않고 '미학적', '도덕적' 또는 '정치적' 의미의 '선'이며, 이를 '에로스'라고 불렀다. 그의 생명관은 현대 사회의 '특성'을 가름할 수 있는 중요한 지침으로 작용할 것은 틀림없다. 특히 '에로스' 개념을 이용해 존재의 의미와 지향을 논하는 그의 생명론에서 우리는 정신분석학적 또는 프로이트적 분석과 추론을 경험하기보다는 일종의 사회 철학적 논의와 실천 이론의 논리로 빠져든다. 이 지점이 바로 마르쿠제 철학이 말해 주는 독창성이 아닌가 한다.

연대의 의미는 상생과 공존의 가치를 구현하는 데 있다. 나와 너의 협력이고, 우리와 낯선 자들과의 연대이며 현재의 기성세대와 다음 세대와의 연대이다. 힘의 질서가 아닌 합리성과 생명의 질서 안에서 공공의 가치를 구현하고 평화와 공존의 공동체를 가꾸어 나가기 위한 역사적 행위이다. 이는 이 시대와 사회를 구성하고 있는 다양한 세대와 또는 우리가 이해하지 못하는 구성원들 더 나아가 세계 인류와 소통하는 일이며, 그들의 낯선 욕구와 함께하는 일이다. '새로운 감성'이라는 마르쿠제의 표현처럼 기존의 일상화된 생각과 가치를 극복하고 열린 눈과 경험을 통해 배려하고 존중하는 태도가 연대이다.

공감과 배려를 통한 연대는 인간이라는 생명체를 넘어서 대상까지도 포괄하는 개념이다. 마르쿠제가 강조하듯이 우리가 살아가는 생활 공동체, 더 나아가 지구촌은 거대한 "생명체"와 같다. 초보적인 우주관 속에서 누군가는 죽고 반대급부로 또 다른 누군가는 살아간다. 우리 사회를 살리고 지구를 살리는 일이 인간이 사는 일인 것과 같이 지구와 생명을 살리는 일은 지구와의 연대이다. 이는 선의를 갖고 살아가는 모든 주체의 공존을 위해 다양성을 포용하고 관심과 이해를 아끼지 않는 일이며, 동시에 살아 생장하고 우주의 한 영역에 존립하는 그 어떠한 존재라 하더라도 용인하고 귀히 여기는 일이다.

- 내면의 소리를 듣는 방법이 있을까?

- 나 자신의 힘듦 때문에 상대를 공감하기 힘들 때 어떻게 해야 할까?

- 최근 대화 중에 체험한 폭력적 표현을 생각해 보자.

- 사람에 관한 판단 시 주변적 환경과 선입견의 영향인 사례를 찾아보자.

- 나의 삶에 감사할 만한 이유를 찾아보자.

참고 문헌

헤르베르트 마르쿠제, 『해방론』, 울력, 2004

리처드 로티, 『우연성, 아이러니, 연대』, 사월의책, 2020

지그문트 프로이트, 『꿈의 해석』, 돋을새김, 2014

캘빈 S. 홀, 『프로이드 심리학 입문』, 범우사, 1996

마이클 샌델, 『정의란 무엇인가』, 김영사, 2010

그림 20
무의식을 분석해 인간의 정신세계를
해명한 오스트리아의 프로이트

에필로그

　인문학의 힘은 질문의 능력에서 나온다. 생각의 깊이가 질문의 수준을 결정한다. 질문할 수 있는 만큼 대화하고 이해할 수 있다. 이 소책자는 정해진 지식을 전달하기 위한 것보다 질문하는 훈련을 위한 것이다. 다만 이 소책자는 인문학적 소양의 축적을 위한 교본으로서는 부족하다.

　생각할 만한 주제, 질문할 내용 그리고 참고할 만한 문헌 목록을 정리했지만 제한된 지면의 한계가 명확하다. 저자의 삶과 고민이 독자와 동일할 수도 없다. 독자는 그 자신의 삶에서 문제를 찾고 스스로 자신에게 어울리는 물음을 던질 수 있어야 한다.

　생각의 근육을 만들고 질문의 방법을 찾아가면서 자신의 문제를 객관화하는 훈련, 관련 자료를 찾고 채워나가는 일은 독서하는 과정에도 다양한 자료를 찾아가며 보완돼야 할 것이다. 이 작업은 그 일에 마중물 역할을 해 주길 기대한다.

이 지면을 빌려 40여 년 전, 학창 시절에 질문하는 훈련을 시켜 주신 사회학자인 은사 김조년 선생님에게 진심으로 감사를 드린다. 또한 책자가 만들어지는 데 디자인을 비롯해 꼼꼼히 읽고 교정해 주신 세창출판사의 배근호 선생님께 감사의 마음을 전하고 싶다.